ॐ

RUDRA PUJA

Simple Complete Profound

Ashwini Kumar Aggarwal

जय गुरुदेव

ISBN13: 978-93-95766-45-6 Hardbound Edition
ISBN13: 978-93-95766-44-9 Digital Edition
Also available in Paperback

Title: **Rudra Puja**
SubTitle: **Simple Complete Profound**
Author: **Ashwini Kumar Aggarwal**

Printed and Published by
Devotees of Sri Sri Ravi Shankar Ashram
147 Punjabi Bagh, Patiala 147001
Punjab, India

https://advaita56.in/
The Art of Living Centre

https://www.artofliving.org/

2nd January 2017, Monday
Śhaka Saṁvat 1938 Durmukha, Vikrama Saṁvat 2073 Saumya

1st Edition January 2017

जय गुरुदेव

Dedication

H H Sri Sri Ravi Shankar

for giving us the Monday Rudra Puja

H H Sathya Sai Baba

for making the Rudram chanting popular globally

An offering at His Lotus feet

The Team

Yogesh, Brij, Tarun, Meenakshi, Ashok, Brigit, Anil Banka, Nandita, Atul, Preeti, Satish, Uma, Kanchan Rekha, Sushma, Hardik, Vijay, Velu, Shiva, Chayanna Biji, Jyoti, Sangeeta, Priyadarshini, Mona, Muni Maharaj

Acknowledgements

Rudra Puja by Guruji on Kartik Poornima at Yagna Shala, Bangalore Ashram, 14th November 2016, Monday, Kārtika Pūrṇimā, Śharad Ṛtu, Kārtika Māsa

Front Cover Photo Courtesy

Shravan Rudra Abhisheka at Banke Behari Mandir, Patiala. Photo dated Monday 5th August 2013, Shravan Masa Shivaratri.

Foreword

Monday 2nd January 2017 Namaste Divine Being

While the World sleeps, the Yogis remain awake in their sādhanā. In this discouraging Kali Yuga. how many of us are pursuing the Vedic Ideal? Hardly any! Reason enough to feel sad at the dwindling numbers of those practitising the eternal Sanātana Vedic Dharma.

In spite of the fact that there is no one to applaud their yeoman effort, this dedicated and enthusiastic team of Veda chanters are doggedly swimming against the current of cultural 'globalization'. They have boldly ventured where no one chooses to go these days.

It is necessary to adopt noble resolutions from all cultures as is envisaged in the Vedic maxim: "ā no bhadrāḥ kratavo yantu viśhvataḥ" [Rgveda 1-89-1][*May noble, elevating and universal resolutions come to us from everywhere*]. Whatever culture so many of us are blindly aping is quite far from necessity. This consumerist cultural wave is driving many of us to consume pills for controlling high-bp as if those were regular food!

The ancients of Bhārat practically taught us how to live with maximum happiness and zero stress. We have inherited these principles, but they largely remain confined to scriptural pages. We may certainly use these to our own benefit and sincerely practise them in day-to-day life. Then, by our own example; other cultures too may mimic us if they perceive us as 'doing the right thing'.

This compilation of this Rudra Pūjā book is a firm step in this very noble direction. It serves to help our 'nearly extinct' species which needs nurturing in order to eventually flourish. It facilitates those of us who are struggling to learn and practise the Veda mantras without a teacher. It serves to preserve our ancient-most living culture. It teaches us the correct principles to live a stress-free life with perfect balance. The Rudra mantras teach us what should be revered (namakam) and what should be desired (chamakam) in order to live a perfect life.

May we attain the Divine Perfection that we were actually Created for!

OM śhāntiḥ śhāntiḥ śhāntiḥ. OM Peace, peace, peace
Peace to the body, peace to the mind, peace to the spirit. OM.

॥ समस्तलोकाः सुखिनो भवन्तु ॥ Everyone everywhere be Happy, Joyous, Blissful
Loving Sairams!

Sri Maunish Vyas, Mumbai

जय गुरुदेव

Preface

Consider the Sanskrit root दिव् meaning 'to shine'.

दिवु ^{4c} क्रीडा-विजिगीषा-व्यवहार-द्युति-स्तुति-मोद-मद-स्वप्न-कान्ति-गतिषु

दिव् + अच् -> देव ^{m} + तल् -> देवता

The subtle forces within us are the Devata(s). Our mind, memory, intellect are the Devata, also known as Deva. A Puja is done to propitiate the subtle energies.

0 to 1 to 2 to ∞ the Advait became Dvait rejoicing in diversity, in companionship. Again and again, the wish to dissolve into the source is Puja. In each body a moment of Divinity visits, expresses, delights and vanishes. Slowly, steadily light dawns. One attains liberation. In each of us, at one time or another, Divinity arises, then submerges. Puja is a traditional method of strengthening the Divine currents within.

The ancient rishis, the medieval saints, and the modern masters evolved methods that were called Puja. Since it continued, it became a Tradition, a Parampara. The tradition is Mathematical, Scientific, Precise, Beautiful, Harmonious and Thrilling. It is joyful.

Come let us join in the Rudra Puja, to perform or participate or just soak in and meditate.

List of English Translations

OM ॐ 17

OM NAMAḤ SHIVAYA ॐ नमः शिवाय 17

RUDRA GAYATRI MANTRA 17

MAHA MRITYUNJAYA MANTRA 18

MOOL MANTRA मूल-मन्त्रः 18

RUDRA ASHTAKAM ESSENCE 19

IN OUR PRAYERS 22

A MESMERISING HYMN 23

SHANTI MANTRA ESSENCE 38

SANGAT CHATWAM ESSENCE 56

SIMPLE TRANSLATION OF LINGA ASHTAKAM 66

Table Of Contents

FOREWORD 4

PREFACE 6

LIST OF ENGLISH TRANSLATIONS 7

BLESSING 10

SALIENT FEATURES OF THIS BOOK 11

INTRODUCTION 12

THE MECHANICS 14

VEDIC CHANTING GUIDELINE 15

BASIC MANTRAS 17

RUDRA ASHTAKAM 20

PRAYER 22

WELCOMING THE SANNYASI 23

PAVAMĀNA SŪKTAM – PURIFICATION HYMN 25

PERFORMING THE RUDRA PUJA 27

SANKALPAM 30

PANCHAMRIT SNANAM 35

GANAPATI ATHARVASHIRSHA 37

LAGHU NYASA लघुन्यासः 39

VERSES FOR CHANTING THE RUDRAM 41

SHANTIPATHA FOR RUDRAM 42

NAMAKAM श्री रुद्रप्रश्नः ॥ नमकम् ॥ 43

CHAMAKAM चमकप्रश्नः ॥ चमकम् ॥ 48

DURGA SUKTAM दुर्गासूक्तम् 51

PURUSHA SUKTAM पुरुषसूक्तम् 52

SRI SUKTAM 54

SAMANA SUKTAM 56

PARDON SHLOKAS 57
ALANKARA AND AARTI AFTER ABHISHEKA 58
AARTI 61
OM JAI JAGADISH HARE ॐ जय जगदीश हरे 64
LINGA ASHTAKAM लिङ्गाष्टकम् 65
BHAJAN 67
APPENDICES 69
VEDIC ACCENTS स्वरः 69
THE DEVANAGARI ALPHABET 70
PLACE & EFFORT OF ENUNCIATION 71
SHIVA UPASANA MANTRAS 73
108 NAMES OF LORD SHIVA श्री शिव-अष्टोत्तरशत नामावलिः 74
SHIVA SHADAKSHARI STOTRA 76
PUJA ITEMS 77
REFERENCES 78
AUDIO CHANTS ON THE NET 79
NORTH AND SOUTH INDIAN TRADITIONS 80
THE PRONOUN " I " 81
SEASON TITHI NAKSHATRA 82
RUDRI AT MAGUCH DHAM 84
RUDRI AT ANANT ANAND ASHRAM 90
PRACTISING THE CHANTING NORTH INDIAN TRADITION 95
DEVANAGARI LATIN TRANSLITERATION 117
PRACTISING THE CHANTING SOUTH INDIAN TRADITION 165
EPILOGUE 190

Blessing

The consciousness which is bliss and innocence, the consciousness which is the bestower of dispassion is शिव Shiva. The whole world is moving in an auspicious rhythm of innocence and intelligence that is Shiva. The permanent and eternal source of energy, the eternal state of being, the one and only one is Shiva. The soul is called Shiva – there is no difference between the Soul and Shiva.

When Rudraabhisheka happens, nature flourishes, nature becomes joyful and happy. Mainly, it creates more positive ions, more so when people are meditating.

H H Sri Sri Ravi Shankar
Bangalore Ashram

Salient Features of this book

Many times parents wish they could get an inkling of what happens in the temple pujas, or what the local pandit chants during a family ceremony. Parents also wish they could get a more intimate feel of the thought processes and the sacred heritage of our ancestors. Also, many hope that their children can tune in a bit as well.

This book has been accordingly designed for crisp and clear readability of the Sanskrit mantras. Special attention is given to:

- Accuracy of the text from the original scriptures
- Font size and line spacing is carefully chosen
- Devanagari Fonts with conjuncts are clearly typed
- Accents on Devanagari text are correctly placed
- Many a time Sandhis have been spaced so that visibility of the words is enhanced
- Enunciation of Sanskrit letters is as per vedic chanting, especially that of the visarga, thus in Namakam 8th anuvaka
  नमः सोमाय च is written as नमस् सोमाय च
  नमः पार्याय च is written as नमᳶ पार्याय च
- Hence many a visarga that is present in standard texts has been replaced here according to its proper pronunciation.
- Devanagari Latin Transliteration for readers all over the globe.

Finally, a simple translation of the Sanskrit text has been given at relevant places so that one may understand and connect better. And admire the magnificient heights attained by the men of yore.

Introduction

Rudra Puja has been practised in India since the beginning of time. शिव Shiva means Auspicious. रुद्र Rudra is a synonym for Shiva that additionally means 'Destroyer of Evil'. पूजा means that which is born of fullness. Thus Rudra Puja is a means to ward off evil and usher in prosperity when one is feeling full and contented. The Vedic scriptures hail the Rudram chants as a method to remove all evils, attain all desires and bestow all round prosperity in one's village.

How is that possible?
The whole cosmos is a play of देवि and आसुरि शक्ति Shaktis. In physics we call them positive protons, negative electrons, and neutral neutrons. ब्रह्मन् Energy can neither be created nor can it be destroyed. However it can be transformed. As seen in the periodic table of chemistry, different proton and electron combinations result in different kinds of elements. That is how in nature differing flora and fauna exist, and that is how in the universe various stars and planets are formed. That is how in a factory we produce so many different kinds of smart phones.

but Energy is not only Matter, it is Life also, and the spectrum of desires, emotions and temperaments. Many times we wish for a change. A change in one's condition, one's family or work life or even in one's environment. The physical aspects of changing one's job or partner or location do not solve the equation till one's inner being also undergoes a change. Many times one's inner being remains adamant even though one has changed many a job and many a friend, or the pressure one feels from society and environment remains even after a change in company or country.

Our ancients discovered a methodology for this. Our seers and sages collected a series of hymns from the Vedas and put them together to invoke रुद्र Rudra, Destroyer aspect of consciousness.

Here Destroyer simply means Transformer, that which causes a transformation. What does Rudra do? Rudra causes a change that we have been longing for so ardently! And inside us joy wells up, strength builds up. Our mental thoughts and processes change and so do our physical constructs and environs.

What is the Methodology?
This Puja is performed with a shivling made of sphatik crystal, or white marble, or a sacred stone from the river Narmada. The Rudram Vedic hymns are chanted and these sounds get absorbed in water and milk and sandalpaste. Such charged द्रव्य liquids are poured on the shivling as the chanting continues. The Rudram chants are so powerful that one is transported to a different plane.Since pouring of liquids is there, the puja is also called Abhisheka.

In this book we have the South Indian tradition of chanting from the Krishna Yajur Veda Taittiriya Samhita 4th Khanda 7th prapathaka.

During रुद्राभिशेकम्, in the first part one hears नमो, नमो । मन means mind. Its reverse नम is the mind going inward, thus illuminating the inner being. Then in the second part we hear चमे, चमे । In Sanskrit च means '*and*' while मे means '*For Me*' or '*In Me*'. So चमे means '*and For Me*', '*and In Me*', thus strengthening the inner being.

Pandits trained in a gurukul in the proper vedic chanting tradition are most suited to perform the Rudra Puja. This book serves as a useful guide to the ardent devotee to perform puja or perfect his chanting.

The Mechanics

सर्वमङ्गलमाङ्गल्ये शिवे सर्वार्थ साधिके । शरण्ये त्र्यम्बके गौरी नारायणि नमोऽस्तु ते ॥

Many stories have come down to us from the Puranas and the epics that depict life and society. These stories are intervowen beautifully and one can easily relate to them in our day-to-day experiences. Based on the Puranas, the months of Shravan and Kartik are dedicated to the worship of Lord Shiva. In the year 2017, Mahashivaratri falls on 24th Feb. Hindu new year starts on 29th March. Shravan month for the Purnimaanta system is from 10th July to 7th August, whereas for the Amavasyaanta system it falls from 24th July to 21st August. Kartik month for the Purnimaanta system is from 6th Oct to 4th Nov and from 20th Oct to 18th Nov for the Amavasyaanta system.

Mondays, Trayodashi tithi(pradosh-13th lunar date), and monthly Shivaratri(Krishna paksh chaturdashi) are ear-marked for remembering Shiva. More often than not, such a classification was done by a Seer or a King to help the people equitably devote time to various duties for living a balanced life.

Knowing the time or day in advance helps one and all to participate in a prepared manner. Proper preparation leads to a great performance that enhances the aura and creates the subtle vibrations so needed to soothe our mind and sharpen our intellect.

Place can be our own home or the local temple or community center, which has been properly cleaned, and where one can sit in peace and allow the finer qualities to be nourished.

Prerequisites are the bare minimum of taking a bath and wearing fresh clothes. Materials are fresh fruits and flowers and clean vessels.

Vedic Chanting Guideline

One gets the feel of Vedic hymns only when one listens to a competent recital. Vedic hymns are chanted in a specific manner. स्वरः vedic accents are seen on the verses that indicate when the pitch is to be lowered or raised or the time is to be lengthened. स्वरः also means vowel, and vedic accents are used for vowels only.

Sanskrit Vedic texts follow the sacrosanct rules of Paninian grammar. That needs each alphabet and nasal to be clearly enunciated. Sound is a very powerful medium, and its impact and meaning is great when the correct sound is articulated with proper effort and emphasis. An upaveda named Shiksha Veda lays down significant rules for pronunciation, the science of phonetics.

A letter or conjunct can be uttered only when there is a vowel to it. Basic recitation guidelines are:

1. Utter ह्रस्वः vowel for one unit of time, say 1/6th of a second, e.g. अ
2. Utter दीर्घः vowel for two units of time, i.e. 2/6th of a second, e.g.आ
3. Utter a syllable without any accent, i.e. उदात्तः in normal pitch.
4. Utter a syllable with underline accent, i.e. अनुदात्तः in base pitch.
5. Utter a syllable with vertical bar accent, i.e. स्वरितः in high pitch.
6. Utter a syllable with dual vertical bar accent, i.e. दीर्घ-स्वरितः in high pitch with a gap and elongation of time.
7. Utter a nasal syllable i.e. ङ ञ ण न म with correct tongue position and a nasal twang.
8. Utter the ayogavaha characters correctly.

    Aavagraha ऽ indicates that अ is silent

    Visarga ः is to be uttered as ह alongwith its preceding vowel sound generally at verse end or at a gap in a verse.

    Visarga ः changes to ArdhaVisarga ᳲ in specific cases

ArdhaVisarga ◌ᳲ is to be uttered as ह् when it faces क / ख

ArdhaVisarga ◌ᳲ is to be uttered as फ् when it faces प / फ

Visarga is correctly printed as ArdhaVisarga in many cases in this book. For some verses the tradition ignores this and that is also respected.

Visarga ◌ः changes to स् / श् / र् / ओ in specific cases and is to be enunciated accordingly. More often than not, this is adhered to in this book.

Visarga ◌ः is dropped in specific cases and is then silent. This is adhered to in this book.

Anusvara ◌ं changes to corresponding nasal letter within a word, which is correctly printed in this book.

Anusvara ◌ं at end of a word is to be uttered as nasal ङ / ञ in specific cases.

The ayogavaha ꣳ appears in specific cases and is to be uttered as गुम् । Sometimes it is to be uttered as ग्गश् ꣴ

Evenness and clarity in articulation comes with enough practice. Only with proper guidance can one learn where to pause and where to lengthen the syllables. This is the secret to the power in the Vedic chanting.

Om ॐ

The primordial sound. The first sound of creation. Sound is the attribute of the space element, the element that is all-pervasive, untarnished, and always available to all. Om is the direct path to salvation. Composed of अ उ म A U M.

Om Namaḥ Shivaya ॐ नमः शिवाय

I salute the Auspicious, the Fundamental Divinity, whole-heartedly. Pronounced as ॐ नमश् शिवाय since by Sanskrit Grammar rules of Panini, visarga ःchanges to श् when followed by श् । Famous as the five-syllabled mantra because it has 5 distinct syllables. पञ्चाक्षरी मन्त्र = न, मः, शि, वा, य । Occurs in the 8th anuvaka of the Namaka section of Rudram. It is the most powerful mantra in Indian lore.

Rudra Gayatri Mantra

ॐ तत् पुरुषाय विद्महे महादेवाय धीमहि । तत् नः रुद्रः प्रचोदयात् ॥

We cognize That Being in our intellect who is the Great Lord. May Rudra inspire us thus.

Note - in the 2nd line by Panini Grammar rules, त् changes to न् and visarga changes to ओ thus it is written as

तन् नो रुद्रः प्रचोदयात् or तन्नो रुद्रः प्रचोदयात् । The visarga ः here changes to ᳵ ardhavisarga called upadhmaniya. Thus the verse is pronounced as ॐ तत् पुरुषाय विद्महे महादेवाय धीमहि । तन्नो रुद्रᳵ प्रचोदयात् ॥

Maha Mrityunjaya Mantra

ॐ त्र्यम्बकं यजामहे सुगन्धिं पुष्टिवर्धनम् । उर्वारुकमिव बन्धनान् मृत्योर् मुक्षीय माऽमृतात् ॥ Lord, I have understood the 3-fold transactional reality that I need to maintain the body, Become friends with my mind, And behave kindly with others. Now Lord, just as a pumpkin detaches from its supporting creeper when ripe, similarly having attained wisdom, may I overcome the laws of death, i.e. weakness-illness-poverty.

Note - by grammar rules of sandhi, the word बन्धनात् here has become बन्धनान् । Also, मृत्योः has become मृत्योर् । मा अमृतात् has become माऽमृतात् and it means the अ is silent.

Mool Mantra मूल-मन्त्रः

ॐ नमो भगवते रुद्राय Om Namo Bhagavate Rudraya

Sincere Salutations to Lord Rudra, the Fortunate Lord and Bestower of Fortune

Rudra Ashtakam Essence

We begin with a hymn from the great epic the Ramayana, which is read in all homes of India, and also in many parts of the world. This is an ode sung in the glory of Lord Shiva, by Goswami Tulsidas.

Occurs in the Uttara Khanda, i.e. 7th Chapter. उत्तरः means later and खण्डः means chapter or book. When one is awed by Nature, when one is feeling so grateful, when one is wonderstruck, then such a poem arises in the heart.

अष्टकम् means 8 in number, i.e. 8 verses in praise of रुद्र , a synonym for Shiva. And how does one praise? By giving various adjectives that mean the same thing or that glorify a quality to our liking.

1.1 नमामि = I bow down, I salute. ईश = Lord. ईशान = the North East, a divine direction, synonym for Shiva. निर्वाणरूपं = tranquil, calm, final form. विभुं व्यापकं = all pervading. वेदस्वरूपम् = wise as the entire body of knowledge Veda. ब्रह्म = Brahman, the dark core of the galaxies, the center of each being, still-strong-silent.
1.2 निजं = unborn. निर्गुणं = without attributes. निर्विकल्पं = without the modulations in the mind, without the thought processes of like or dislike. निरीहं = unmoving. चिदाकाशमाकाश = the space of consciousness, the intelligent space, वासं one abiding there. भजेऽहम्=I glorify, I sing the praises, I adore with all my heart.
2.1 निराकार = unbounded, i.e. so big that its form cannot be determined. ॐकार मूलं = source of the sacred syllable Om. तुरीयं = the state of samadhi.

So we begin by praising. Praising is a divine quality. It is time tested technique to manifest such qualities within oneself.

Rudra Ashtakam

श्री रुद्राष्टकम्

नमामीशमीशान निर्वाणरूपं विभुं व्यापकं ब्रह्म वेदस्वरूपम् ।
निजं निर्गुणं निर्विकल्पं निरीहं चिदाकाशमाकाश वासं भजेऽहम् ॥ १
निराकार ॐकार मूलं तुरीयं गिरा ज्ञान गोतीतमीशं गिरीशम् ।
करालं महाकाल कालं कृपालं गुणागार संसार पारं नतोऽहम् ॥ २
तुषाराद्रि संकाश गौरं गभीरं मनोभूत कोटि प्रभा श्री शरीरम् ।
स्फुरन्मौलि कल्लोलिनी चारु गङ्गा लसद्-भालबालेन्दु कण्ठे भुजङ्गा ॥ ३
चलत्कुण्डलं भ्रू सुनेत्रं विशालं प्रसन्नाननं नीलकण्ठं दयालम् ।
मृगाधीश-चर्माम्बरं मुण्डमालं प्रियं शङ्करं सर्वनाथं भजामि ॥ ४
प्रचण्डं प्रकृष्टं प्रगल्भं परेशम् अखण्डम् अजं भानु-कोटिप्रकाशम् ।
त्रयः शूल निर्मूलनं शूलपाणिं भजेऽहं भवानी-पतिं भावगम्यम् ॥ ५
कलातीत कल्याण कल्पान्तकारी सदा सज्जनानन्ददाता पुरारी ।
चिदानन्द सन्दोह मोहापहारी प्रसीद प्रसीद प्रभो मन्मथारी ॥ ६
न यावत् उमानाथ पादारविन्दं भजन्तीह लोके परे वा नराणाम् ।
न तावत् सुखं शान्ति सन्तापनाशं प्रसीद प्रभो सर्व भूताधिवासम् ॥ ७
न जानामि योगं जपं नैव पूजां नतोऽहं सदा सर्वदा शम्भु तुभ्यम् ।
जरा-जन्म-दुःखौध-तातप्यमानं प्रभो पाहि आपन्नमामीश शम्भो ॥ ८
रुद्राष्टकम् इदं प्रोक्तं विप्रेण हरतुष्टये । ये पठन्ति नरा भक्त्या तेषां शम्भुः प्रसीदति ॥

Bilva Ashtakam

बिल्व अष्टकम्

त्रिदलं त्रिगुणाकारं त्रिणेत्रं च त्रियायुधम् । त्रिजन्मपापसंहारम् एकबिल्वं शिवार्पणम् ॥ १

त्रिशाखैर्बिल्वपत्रैश्च अच्छिद्रैः कोमलैश्शुभैः । तव पूजां करिष्यामि एकबिल्वं शिवार्पणम् ॥ २

दर्शनं बिल्ववृक्षस्य स्पर्शनं पापनाशनम् । अघोरपापसंहारम् एकबिल्वं शिवार्पणम् ॥ ३

काशीक्षेत्रनिवासं च कालभैरवदर्शनम् । प्रयागे माधवं दृष्ट्वा एकबिल्वं शिवार्पणम् ॥ ४

तुलसी बिल्वनिर्गुण्डी जम्बीरा मलकं तथा । पञ्चबिल्वमिति ख्याता एकबिल्वं शिवार्पणम् ॥

तटाकं धननिक्षेपं ब्रह्मस्थाप्यं शिवालयम् । कोटिकन्यामहादानम् एकबिल्वं शिवार्पणम् ॥ ६

दन्त्यश्वकोटिदानानि अश्वमेधशतानि च । कोटिकन्यामहादानम् एकबिल्वं शिवार्पणम् ॥ ७

सालग्रामसहस्राणि विप्रान्नं शतकोटिकम् । यज्ञकोटिसहस्राणि एकबिल्वं शिवार्पणम् ॥ ८

अज्ञानेन कृतं पापं ज्ञानेनापि कृतं च यत् । तत् सर्वं नाशमायातु एकबिल्वं शिवार्पणम् ॥

एकैकबिल्वपत्रेण कोटियज्ञफलं लभेत् । महादेवस्य पूजार्थं एकबिल्वं शिवार्पणम् ॥

अमृतोद् भववृक्षस्य महादेवप्रियस्य च । मुच्यन्ते कण्टकाघाता कण्टकेभ्यो हि मानवाः ॥

Prayer

ॐ श्री गुरुभ्यो नमः । हरिः ॐ ॥
ॐ गणानां त्वा गणपतिं हवामहे कविं कवीनाम् उपमश्रवस्तमम् ।
ज्येष्ठराजं ब्रह्मणां ब्रह्मणस्पत आ नः शृण्वन्नूतिभिस् सीद सादनम् ॥
ॐ महागणपतये नमः ।
प्रणो देवी सरस्वती वाजेभिर्वाजिनीवती । धीनामवित्र्यवतु । वाग्देव्यै नमः ॥
ॐ शान्तिः शान्तिः शान्तिः ॥

In Our prayers

We begin with the invocation of Lord Ganesha. गणेश = गण-ईश = Lord of Atoms and Molecules, i.e. that energy which is responsible for the movement and spin of the basic building blocks of matter. Responsible for the core nerves and tissues in our body.

We also invoke Goddess Saraswati, the universal energy of speech, study and proper communication. सरस = fluid, natural, crystal clear lake, mirror like mind. वती = endowed with, possessing.

And how to know what is our aim and how to gather strength and skill for the same? It is the गुरु who cognises this. Guru is simply the principle. A universal force that manifests in the form of mother, friend, teacher, school, Himalayas, Ganges, uncle, grandfather or colleague. That has a deep liking for myself. An external body that really wants me to shine, grow and succeed. Which one soon recognises as an internal element. And equates with the Supreme.

By giving these universal energies simple names, and by remembering them, we feel the ownership and the connection to our own self, our own plans and motives. Praying is thus simply focussing within for a few moments at the outset.

Welcoming the Sannyasi

(MahaNarayana Upanishad 4th Prashna 12th Anuvaka)

(taittiriiya aaraNyaka 10.12.3)

न कर्मणा न प्रजया धनेन त्यागेनैके अमृतत्त्वमानशुः । परेण नाकं निहितं गुहायां
विभ्राजदे तद् यतयो विशन्ति ॥ १ ॥ वेदान्तविज्ञान सुनिश्चितार्थाः संन्यास योगाद् यतयः
शुद्ध सत्त्वाः । ते ब्रह्मलोके तु परान्तकाले परामृतात् परिमुच्यन्ति सर्वे ॥ २ ॥ दहं विपापं
परमेऽश्मभूतं यत् पुण्डरीकं पुरमध्य सङ्स्थम् । तत्रापि दहं गगनं विशोकस् तस्मिन्
यदन्तस् तदुपासितव्यम् ॥ ३ ॥ यो वेदादौ स्वरः प्रोक्तो वेदान्ते च प्रतिष्ठितः । तस्य
प्रकृतिलीनस्य यः परः स महेश्वरः ॥ ४ ॥

A mesmerising hymn

from the Upanishad in praise of the renunciate. Renunciate means one who is free in the mind. The one whose heart has dropped likes and dislikes. A great soul.

Verse 1.1 न = not. कर्मणा = by deeds. न प्रजया = not by begetting offspring. धनेन = (neither) by wealth. त्यागेनैके = by renunciation alone. अमृतत्वमानशुः = is attained the Reality, the Truth, the Strength born of fearlessness.
1.2 परेण = beyond. नाकं = heaven, a place of pleasures and comforts. निहितं = placed. गुहायां = deep inside the heart. A synonym for the purest, highest, furtherest. विभ्राजते = that is specially radiant. तद् = who, that. यतयः = well disciplined, sages. विशन्ति = they enter, they attain. (due to sandhi विभ्राजते becomes विभ्राजदे)
2.2 ते = They. ब्रह्मलोके = in the transcendental plane, in an atmosphere of divinity and creativity. तु = and. परान्तकाले = beyond the barrier of time, beyond all restrictions. परामृतात् = beyond the eternal, surpassing eternity. परिमुच्यन्ति = liberates. सर्वे = all.

4.1 यो = whosoever. वेदादौ = beginning of knowledge. स्वरः = vowel, alphabet, word. प्रोक्तो = spoken. वेदान्ते = end of all, completion of all learning, attainment of all that is. च = and. प्रतिष्ठितः = firmly established.

4.2 तस्य = of he. प्रकृतिलीनस्य = of the one who is absorbed, engrossed, one with nature. स = he. महेश्वरः = (is the) great Lord, worthy of being wholly worshipped.

The one who is absorbed deep inside the shining heart centre, the purest space within the body, the one who maintains a level of discipline that dissolves all barriers, that one is worthy of our worship. We welcome such a divine soul, who is one with nature, who has surpassed all, who is the very embodiment of humanity.

Pavamāna Sūktam – Purification Hymn

(Taittiriya Samhita Khanda 5 Prapathaka 6 Anuvaka 1 and Taittiriya Brahmana Ashtakam 1 Prashna 4 Anuvaka 8)

These hymns are chanted for purification of mind, body, puja items and surroundings. By purification is meant bringing about calmness in the mind and cleansing the aura of the bodies. Like a conch is blown or like the Nādi Shodhana prānāyāma is done.

पवमानसूक्तम् (पुण्याह वाचनम्)

ॐ हिरण्यवर्णाः शुचयः पावका यासु जातः कश्यपो यास्विन्द्रः । अग्निं या गर्भं दधिरे विरूपास् तान आपश्शꣳ स्योना भवन्तु ॥ १ ॥ यासाꣳ राजा वरुणो याति मध्ये सत्यानृते अवपश्यं जनानाम् । मधुश् चतुश् शुचयो याः पावकास्ता न आपश्शꣳ स्योना भवन्तु ॥ २ ॥ यासां देवा दिवि कृण्वन्ति भक्षं या अन्तरिक्षे बहुधा भवन्ति । याः पृथिवीं पयसोन्दन्ति शुक्रास्ता न आपश्शꣳ स्योना भवन्तु ॥ ३ ॥ शिवेन मा चक्षुषा पश्यतापश् शिवया तनुवोप स्पृशत त्वचं मे । सर्वाꣳ अग्नीꣳ रप्सुषदो हुवे वो मयि वर्चो बलमोजो निधत्त ॥ ४ ॥

ॐ पवमानस् सुवर्जनः । पवित्रेण विचर्षणिः । यः पोता स पुनातु मा ॥ ५ ॥ पुनन्तु मा देवजनाः । पुनन्तु मनवो धिया । पुनन्तु विश्व आयवः ॥ ६ ॥ जातवेदः पवित्रवत् । पवित्रेण पुनाहि मा । शुक्रेण देवदीद्यत् । अग्ने कृत्वा क्रतूꣳ रनू ॥ ७ ॥ यत्ते पवित्रम् अर्चिषि । अग्ने विततमन्तरा । ब्रह्म तेन पुनीमहे ॥ ८ ॥ उभाभ्यां देवसवितः । पवित्रेण सवेन च । इदं ब्रह्म पुनीमहे ॥ ९ ॥ वैश्वदेवी पुनती देव्यागात् । यस्यै बह्वीस् तनुवो वीतपृष्ठाः । तया मदन्तस् सधमाद् येषु । वयꣳ स्याम पतयो रयीणाम् ॥ १० ॥ वैश्वानरो रश्मिभिर् मा पुनातु । वातः प्राणेनेषिरो मयो भूः । द्यावापृथिवी पयसा पयोभिः । ऋतावरी यज्ञिये मा पुनीताम् ॥ ११ ॥ बृहद्भिस् सवितस्तृभिः । वर्षिष्ठैर् देवमन्मभिः । अग्ने दक्षैः पुनाहि मा ॥ १२ ॥ येन देवा अपुनत । येनापो दिव्यंकशः । तेन दिव्येन ब्रह्मणा । इदं ब्रह्म पुनीमहे ॥ १३ ॥ यः पावमानीर् अद्ध्येति । ऋषिभिस् संभृतꣳ रसम् । सर्वꣳ स पूतम् अश्नाति । स्वदितं मातरिश्वना ॥ १४ ॥ पावमानीर् यो अध्येति । ऋषिभिस् संभृतꣳ

रसम् । तस्मै सरस्वती दुहे । क्षीरꣳ सर्पिर् मधूदकम् ॥१५॥ पावमानीस् स्वस्त्ययनीः । सुदुघाहि पयस्वतीः । ऋषिभिस् संभृतो रसः । ब्राह्मणेष्वमृतꣳ हितम् ॥१६॥ पावमानीर् दिशन्तु नः । इमं लोकम् अथो अमुम् । कामान्-थ्समर्धयन्तु नः । देवीर् देवैस् समाभृताः ॥१७॥ पावमानीस् स्वस्त्ययनीः । सुदुघाहि घृतश्चुतः । ऋषिभिस् संभृतो रसः । ब्राह्मणेषु अमृतꣳ हितम् ॥१८॥ येन देवाः पवित्रेण । आत्मानं पुनते सदा । तेन सहस्रधारेण । पावमान्यः पुनन्तु मा ॥१९॥ प्राजापत्यं पवित्रम् । शतोद्यामꣳ हिरण्मयम् । तेन ब्रह्म विदो वयम् । पूतं ब्रह्म पुनीमहे ॥२०॥ इन्द्रस् सुनीती सहमा पुनातु । सोमस् स्वस्त्या वरुणस् समीच्या । यमो राजा प्रमृणाभिः पुनातु मा । जातवेदा मोर् जयन्त्या पुनातु ॥२१॥

भूर्भुवस्सुवः ॥

ॐ तच्छं योरावृणीमहे । गातुं यज्ञाय । गातुं यज्ञपतये । दैवीस् स्वस्तिर् अस्तु नः । स्वस्तिर् मानुषेभ्यः । ऊर्ध्वं जिगातु भेषजम् । शन्नो अस्तु द्विपदे । शं चतुष्पदे । ॐ शान्तिश् शान्तिश् शान्तिः ॥

अथ रुद्र पूजा

शिवपूजनविधि

Sit comfortably facing the East.
Arrange the Shivlinga so that the flow is towards the North.

पवित्रीकरणम्

ॐ अपित्रः पवित्रो वा सर्वावस्थां गतोऽपि वा । यः स्मरेत् पुण्डरीकाक्षं स बाह्याभ्यन्तरः शुचिः ॥

आचमनम्

ॐ केशवाय नमः । ॐ नारायणाय नमः । ॐ माधवाय नमः । (sip water thrice)
ॐ हृषीकेशाय नमः ॥ (wash hands)

प्राणायाम (nadi shodhan with gayatri mantra 1 round)

ॐ प्रणवस्य परब्रह्म ऋषिः । परमात्मा देवता । देवी गायत्री छन्दः । प्राणायामे विनियोगः ॥

ॐ भूः ॐ भुवः ॐ सुवः ॐ महः ॐ जनः ॐ तपः ॐ सत्यम् । (inhale)
ॐ तत् सवितुर् वरेण्यं भर्गो देवस्य धीमहि धियो यो नः प्रचोदयात् ॥ (hold)
ॐ आपो ज्योती रसोऽमृतं ब्रह्म भूर्भुवस् सुवरोम् । (exhale)

पुनः आचमनम्

ॐ आपो ज्योती रसोऽमृतं ब्रह्म भूर्भुवस् सुवरोम् ।

रक्षादीप प्रज्वालनम्

Light a lamp on a bed of rice. Offer flowers and chandan to lamp.

स्वस्तिवाचनम्

स्व॒स्ति न॒ इन्द्रो॑ वृ॒द्धश्र॑वाः । स्व॒स्ति नः॑ पू॒षा वि॒श्ववे॑दाः । स्व॒स्ति न॒स्तार्क्ष्यो॒ अरि॑ष्टनेमिः ।

स्व॒स्ति नो॒ बृह॒स्पति॑र्दधातु ॥ श्रीमन् महागणाधिपतये॒ नमः ।

Ghanta Puja घण्टानादम्

Ring the bell, to announce the auspicious moment, to awaken the pleasant energies, to spread good cheer amongst all.

नाद-शब्द-महिं घण्टां सर्व विघ्नो प्रहारिणी । पूजये सर्व मन्त्रेण देवस्य प्रीति कारणात् ॥
आगमार्थं तु देवानां गमनार्थं तु रक्षसाम् ॥ आदौ घण्टारवं नित्यम् देवता आह्वान लाञ्छनम् ॥

आत्मपूजा

देहो देवालयः प्रोक्तः जीवो देवः सनातनः ।

त्यजेद् अज्ञाननिर्माल्यं सोऽहं भावेन पूजयेत् ॥

अथ भू-शुद्धिः (from भरतमुनिप्रणीतं नाट्यशास्त्रम्)

विष्णु शक्ति समुत्पन्ने शङ्खवर्णे महितले । अनेक रत्न सम्पन्ने भूमीदेवी नमोस्तुते ॥

अथ आसन-शुद्धिः

पृथ्वि त्वया धृता लोका देवित्वं विष्णुना धृता ।

त्वं च धारय मां देवि पवित्रं कुरु चासनम् ॥

Invoking Bhairava the fierce aspect of Lord Shiva

तीक्ष्ण दंष्ट्र महाकाय कल्पान्त दहनोपम । भैरवाय नमस्तुभ्यं अनुज्ञां दातुमर्हसि ॥

O thee with a gigantic frame and terrible features. Allow me to offer salutations.

श्रीगणेश-द्वादश-नाम-स्तोत्रम् (मुद्गल-पुराण-उक्तं)

सुमुखश्चैकदन्तश्च कपिलो गजकर्णकः । लम्बोदरश्च विकटो विघ्ननाशो विनायकः ।
धूम्रकेतुर्गणाध्यक्षो भालचन्द्रो गजाननः । द्वादशैतानि नामानि यः पठेत् शृणुयादपि ॥
विद्यारम्भे विवाहे च प्रवेशे निर्गमे तथा । सङ्ग्रामे सङ्कटे चैव विघ्नः तस्य न जायते ॥
विद्यार्थी लभते विद्यां धनार्थी विपुलं धनम् । इष्टकामं तु कामार्थी धर्मार्थी मोक्षमक्षयम् ॥

Mangalacharanam

शुक्लाम्बरधरं विष्णुं शशिवर्णं चतुर्भुजम् । प्रसन्नवदनं ध्यायेत् सर्वविघ्नोपशान्तये: ॥
तदेव लग्नं सुदिनं तदेव ताराबलं चंद्रबलं तदेव । विद्या बलं दैवबलं तदेव लक्ष्मीपतेः ते अङ्घ्रियुगं स्मरामि ॥

ॐ श्री लक्ष्मी-नारायणाभ्यां नमः । ॐ श्री उमा-महेश्वराभ्यां नमः ।
ॐ श्री वाणी-हिरण्यगर्भाभ्यां नमः । ॐ श्री सीता-रामाभ्यां नमः ।
ॐ श्री शची-पुरन्दराभ्यां नमः । ॐ श्री अरुणधति-वशिष्टाभ्यां नमः ।
ॐ दुर्गायै नमः । ॐ गणपतये नमः । ॐ क्षेत्रपालाय नमः । ॐ वास्तुपुरुषाय नमः ।
ॐ मातृभ्यो नमः । ॐ पितृभ्यो नमः । ॐ गुरुभ्यो नमः । ॐ आचार्येभ्यो नमः । ॐ इष्टदेवताभ्यो नमः । ॐ कुलदेवताभ्यो नमः । ॐ ग्रामादिदेवताभ्यो नमः । ॐ सर्वेभ्यो देवेभ्यो नमः । ॐ सर्वाभ्यो देवताभ्यो नमः । ॐ सर्वेभ्यो ब्राह्मणेभ्यो नमः ।
ॐ श्रीमद् भगवत् बौद्धायन-आचार्येभ्यो नमः ।

(Baudhayana sutras are the earliest vedic sutras that cover daily life aspects and include mathematics and shulba sutras).

अविघ्नमस्तु

वक्रतुण्ड महाकाय सूर्यकोटिसमप्रभ । निर्विघ्नं कुरु मे देव सर्वकार्येषु सर्वदा ॥

Sankalpam is the precise statement of correct time and place and wish. Example is for Monday date 14 Nov 2016 time 7:00am place Ludhiana, India. Notice that it is the day of Kartik Poornima, most auspicious for Rudra Puja. **[Words in brackets are to be changed as per the panchangam when actual Puja is being done].**

Sankalpam

सङ्कल्पम् (keep flowers and akshat in left palm placed on right knee. Cover the left palm with the right palm)

शुभे शोभने मुहूर्ते ... प्रारम्भ-काल-सुमुहूर्तमस्तु

ॐ विष्णुः विष्णुः विष्णोराज्ञया प्रवर्तमानस्य अद्य ब्रह्मणः द्वितीय प्रहरार्द्धे श्री श्वेत-वराह-कल्पे वैवस्वतमन्वन्तरे कलियुगे अष्टाविंशति–तमे तत् प्रथम-पादे जम्बू-द्वीपे भरत-खण्डे भारत-वर्षे महामेरोः [पश्चिमे] दिग्भागे [दक्षिणे] पार्श्वे [श्रीमद् शतद्रोः] नदी-तीरे बौद्धावतारे राम-क्षेत्रे [पंजाब] प्रदेशे [लुधियाना] नगर्यां दण्डकारण्ये षष्ठ्यां संवत्सरानां मध्ये [सौम्य]-नाम संवत्सरे [दक्षिणायने] [शरद]-ऋतौ [कार्तिक]-मासे [शुक्ले]-पक्षे वासरः वासरस्तु [सोम]-वासरे वासरयुक्तायां [भारिणी]-नक्षत्र-युक्तायां शुभयोग शुभकरण एवं गुण विशेषेण विशिष्टायां अस्यां [पूर्णिमा]-शुभतिथौ ममोपात्त समस्त दुरितक्षयद्वारा श्री परमेश्वरप्रीत्यर्थं [सिङ्गल]-गोत्रोद्-भवस्य [पुनर्वसु]-नक्षत्रे [कर्क]-राशौ जातस्य [your name]-नाम्नः अस्माकं सहकुटुम्बानां बन्धुजनवर्गस्य क्षेम, स्थैर्य, वीर्य, विजय, आयुः, आरोग्य, ऐश्वर्याणाम् अभिवृद्धिः अर्थं, समस्त मङ्गल अवाप्ति अर्थं, समस्त-दुरित-उपशान्ति-अर्थं, इष्ट-काम्यर्थ सिद्धि-अर्थं, धर्म-अर्थ-काम-मोक्ष चतुर्विधफल पुरुषार्थ सिद्धि-अर्थं, श्री महागणपति प्रसाद सिद्ध्यर्थं, श्री साम्बसदाशिव प्रसाद सिद्ध्यर्थं, प्रसादेन सर्वारिष्ट शान्ति-अर्थं, सर्वान्-अनुकूलता सिद्ध्यर्थं, सर्वमनोरथ अवाप्ति-अर्थं, श्रेयोभिः अभिवृद्धि-अर्थं, समस्तपापक्षयपूर्वकं महा पुण्यकाले पञ्चामृताभिषेकं श्रीरुद्राभिषेक-पूजनं श्रीसाम्बसदाशिव-षोडशोपचार-पूजनम् आराधनं च करिष्ये । (gently drop the flowers and akshat on plate)

आदौ निर्विघ्नता सिद्ध्यर्थं श्रीमहागणपतिं पूजां करिष्ये ।

ॐ गणानां त्वा गणपतिꣳ हवामहे कविं कवीनाम् उपमश्रवस्तमम् ।
ज्येष्ठराजं ब्रह्मणां ब्रह्मणस्पत आ नश् श्रृण्वन्नूतिभिस् सीद सादनम् ॥
वक्रतुण्ड महाकाय सूर्यकोटी समप्रभ । निर्विघ्नं कुरु मे देव सर्वकार्येषु सर्वदा ॥
(gently tap on the sides of the head with the knuckles)

कलश-अर्चनम् Kalasha Archanam

कलशस्य मुखे विष्णुः कण्ठे रुद्रः समाश्रितः ।
मूले तत्र स्थितो ब्रह्मा मध्ये मातृगणाः स्मृताः ॥
कुक्षौ तु सागराः सर्वे सप्तद्वीपा वसुन्धरा । ऋग्वेदोऽथ यजुर्वेदः सामवेदो ह्यथर्वणः ॥
अङ्गैश्च सहिताः सर्वे कलशं तु समाश्रिताः । अत्र गायत्री सावित्री शान्तिः पुष्टिकरी तथा ॥
आयान्तु देवपूजार्थं दुरितक्षयकारकाः । सर्वे समुद्राः सरितः तीर्थानि जलदा नदाः ॥
गङ्गे च यमुने चैव गोदावरि सरस्वति । नर्मदे सिन्धु कावेरि जलेऽस्मिन् सन्निधिं कुरु ॥

शङ्ख पूजा Shankh Puja

व्यापक मण्डलाय नमः ।

ॐ वं वह्नि-मण्डलाय धर्मप्रद दश-कलात्मने नमः । (on the seat of conch),

ॐ अं अर्क-मण्डलाय अर्थप्रद द्वादश-कलात्मने नमः । (on the conch),
प्रणवेन ॐ इति जलम् आपूर्य ।
ॐ मं सोम-मण्डलाय कामप्रद षोडश कलात्मने नमः। (in the water of conch)

मुद्रां प्रदर्श्यः display Mudras

निर्वीषि करणार्थे तार्क्ष मुद्रा (removes poison), अमृति करणार्थे धेनु मुद्रा (instills nectar), संरक्षणार्थे चक्र मुद्रा (protects), विपुलमाया करणार्थे मेरु मुद्रा (offsets ignorance), पवित्री करणार्थे शङ्ख मुद्रा (ushers auspiciousness), पाञ्चजन्याय विद्महे पद्मगर्भाय धीमहि । तन्नश् शङ्खः प्रचोदयात् ॥ शङ्ख-देवताभ्यो नमः । सकल पूजार्थे अक्षतान् समर्पयामि ।

Sprinkling Water

शङ्खोदकेन पूजाद्रव्याणि प्रोक्ष्य , देवस्य मूर्तिः अस्मिन् प्रोक्ष्य , आत्मानं च प्रोक्ष्य । तत् शेषं विसृज्य । (on puja items and on self, pour balance water on earth), कलश जलेन पुनः शङ्खं गायत्र्या पूरयित्वा । pour water from kalasha in conch with gayatri japa thrice. शङ्खमध्यस्थितं तोयं भ्रामितं केशवोपरि ।

अङ्गलग्नं मनुष्याणां ब्रह्महत्यायुतं दहेत् ॥ [शङ्खे पूजयित्वा देवस्य दक्षिणदिग्भागे स्थापयेत्]

One becomes Shiva (Place flowers on own head), (from MahaNarayana Upanishad 4th Prashna 12th Anuvaka)
यो वेदादौ स्वरः॑ प्रोक्तो वेदान्ते च प्रतिष्ठितः ।

(Narayana Sukta, Taittiriya Aranyakam 4 Prapathaka 10 Anuvaka13)
तस्य प्रकृतिलीनस्य यः॑ परस् स महेश्वरः ॥ तस्याः शिखाया मध्ये परमात्मा व्यवस्थितः । स ब्रह्म स शिवस् स हरिस् स इन्द्रस् सोऽक्षरः॑ परमस् स्वराट् ॥

Invoking the 14 lokas
ॐ अतलाय नमः । ॐ वितलाय नमः ।ॐ सुतलाय नमः । ॐ तलातलाय नमः । ॐ रसातलाय नमः । ॐ महातलाय नमः । ॐ पातालाय नमः । ॐ भूर्लोकाय नमः । ॐ भुवर्लोकाय नमः । ॐ स्वर्लोकाय नमः । ॐ महर्लोकाय नमः । ॐ जनोलोकाय नमः । ॐ तपोलोकाय नमः । ॐ सत्यलोकाय नमः ॥ ॐ चतुर्दशभुवनधीश्वराय नमः ॥ सर्वस्य देवता नमः । इत्यात्मार्चनम् ।

Invoking the Yonis
ॐ यक्षेभ्यो नमः । ॐ रक्षेभ्यो नमः । ॐ अप्सरेभ्यो नमः । ॐ गन्धर्वेभ्यो नमः । ॐ किन्नरेभ्यो नमः । ॐ गोभ्यो नमः । ॐ सर्पेभ्यो नमः । ॐ मण्डलादिदेवताभ्यो नमः। मण्डलादिदेवता पूजां समर्पयामि ।

पीठपूजा Peetha Puja
ॐ सकलगुणात्मशक्तियुक्ताय योगपीठात्मने नमः । ॐ आधारशक्त्यै नमः । ॐ मूलप्रकृत्यै नमः । ॐ आदिवराहाय नमः । ॐ आदिकूर्माय नमः । ॐ अनन्ताय नमः । ॐ पृथिव्यै नमः । ॐ आदित्यादि नवग्रहदेवताभ्यो नमः ।

मण्टपध्यानम् Mantapa Dhyanam

उत्तप्तोज् ज्वलकाञ्चनेन रचितं तुङ्गाङ्गरङ्गस्थलम् । शुद्धस्फाटिकभित्तिकाविरचितैः स्तम्भैश्च हेमैश्शुभैः ॥ द्वारैश्चामररत्नराजखचितैः वज्रैश्च सोपानकैः । नानारत्नविचित्रस्वर्णकलशैः ध्यायेन् महामण्टपम् ॥

अथ द्वारपाल-पूजां करिष्ये Dvarpal Puja

ॐ पूर्वद्वारे द्वारश्रियै नमः । धात्रे नमः । विधात्रे नमः ।

ॐ दक्षिणद्वारे द्वारश्रियै नमः । जयाय नमः । विजयाय नमः ।

ॐ पश्चिमद्वारे द्वारश्रियै नमः । चण्डाय नमः । प्रचण्डाय नमः ।

ॐ उत्तरद्वारे द्वारश्रियै नमः । शङ्खनिधये नमः । पुष्पनिधये नमः ।

ॐ ऊर्ध्वद्वारे द्वारश्रियै नमः । आकाशाय नमः । अन्तरिक्षाय नमः ।

ॐ अधोद्वारे द्वारश्रियै नमः । भूम्यै नमः । पातालाय नमः । द्वारपाल-पूजां समर्पयामि ।

अष्टदिक् पाल पूजा Ashta Dikpal Puja

ॐ इन्द्राय नमः । ॐ अग्नये नमः । ॐ यमाय नमः । ॐ निर्ऋतये नमः ।

ॐ वरुणाय नमः । ॐ वायवे नमः । ॐ कुबेराय नमः । ॐ ईशानाय नमः ।

5 Devas Puja (from MahaNarayana Upanishad 4th Prashna)

ॐ भास्कराय विद्महे महद्द्युतिकराय धीमहि । तन्नो आदित्यः प्रचोदयात् ।

श्री सूर्याय नमः । आवाहयामि । स्थापयामि । पूजयामि ॥

ॐ एकदन्ताय विद्महे वक्रतुण्डाय धीमहि । तन्नो दन्तिः प्रचोदयात् ।

श्रीमन् महागणपतये नमः । आवाहयामि । स्थापयामि । पूजयामि ॥

ॐ कात्यायनाय विद्महे कन्यकुमारि धीमहि । तन्नो दुर्गिः प्रचोदयात् ।

श्री दुर्गायै नमः । आवाहयामि । स्थापयामि । पूजयामि ॥

ॐ तत्पुरुषाय विद्महे महादेवाय धीमहि । तन्नो रुद्रः प्रचोदयात् ।

श्रीसाम्बसदाशिवाय नमः । आवाहयामि । स्थापयामि । पूजयामि ॥

ॐ नारायणाय विद्महे वासुदेवाय धीमहि । तन्नो विष्णुः प्रचोदयात् ।

श्रीमन् महाविष्णवे नमः । आवाहयामि । स्थापयामि । पूजयामि ॥

आह्वयन्त श्रीसूर्य-गणपत्यम्बिका-शिव-विष्णुदेवताभ्यो नमः ।

ध्यायामि । ध्यानं समर्पयामि ।

आसनम्

आह्वयामि । रत्न-सिंहासनं समर्पयामि ।

पाद्यम् (water for washing feet)

पादारविन्दयोः पाद्यं पाद्यं समर्पयामि ।

अर्घ्यम् (water for washing hands)

हस्तयोः अर्घ्यं अर्घ्यं समर्पयामि ।

आचमनम् (water for drinking)

मुखारविन्दे आचमनीयं आचमनीयं समर्पयामि ।

सर्वाङ्गेषु स्नानम् ।

Panchamrit Snanam

Invoking the pancamrit devatas

पञ्चामृताभिषेकं कर्तुम् पञ्चदेवता-आह्वान-पूजां करिष्ये ।

ॐ क्षीरेसोमाय नमः । सोमम् आवाहयामि । स्थापयामि । पूजयामि ॥

ॐ दध्निवायवे नमः । वायुम् आवाहयामि । स्थापयामि । पूजयामि ॥

ॐ घृतेरवये नमः । रविम् आवाहयामि । स्थापयामि । पूजयामि ॥

ॐ मधुनिविश्वेभ्यो देवेभ्यो नमः । विश्वां देवाम् आवाहयामि । स्थापयामि । पूजयामि ॥

ॐ शर्करायांसवित्रे नमः । सवितारम् आवाहयामि । स्थापयामि । पूजयामि ॥

पञ्चदेवताभ्यो नमः । जल-गन्धादि पूजां समर्पयामि ॥

आदौ मलापकर्ष-स्नानं करिष्ये Marjanam - ring the bell

(From MahaNarayana Upanishad 4th Prashna 1st Anuvaka)

ॐ आपो हि ष्ठा मयो भुवस्तान ऊर्जे दधातन । महे रणाय चक्षसे । यो वः शिवतमो रसस् तस्य भाजयते ह नः । उशतीरिव मातरः । तस्मा अरङ्ग माम वो यस्य क्षयाय जिन्वथ । आपो जनयथा च नः ॥ मलापकर्ष-स्नानं समर्पयामि ॥

आदौ क्षीरेण स्ना पयिष्ये Milk

ॐ आप्यायस्व समेतु ते विश्वतस् सोम वृष्णियम् । भवा वाजस्य सङ्गथे ॥ क्षीरस्नानं समर्पयामि । क्षीरस्नानान्तरम् शुद्धोदकेन स्ना पयिष्ये । ॐ सद्योजातं प्रपद्यामि सद्योजाताय वै नमो नमः । भवे भवे नातिभवे भवस्व माम् । भवोद्भवाय नमः ॥ शुद्धोदकस्नानं समर्पयामि ॥

दध्ना स्ना पयिष्ये Curd

ॐ दधिक्राव्ण्णो अकारिषं जिष्णोरश्वस्य वाजिनः । सुरभि नो मुखा करत्प्रण आयूꣳषि तारिषत् ॥ दधिस्नानं समर्पयामि । ॐ वामदेवाय नमो ज्येष्ठाय नमः श्रेष्ठाय नमो रुद्राय नमः कालाय नमः कलविकरणाय नमो बलविकरणाय नमो बलाय नमो बलप्रमथनाय नमस् सर्वभूतदमनाय नमो मनोन्मनाय नमः ॥ शुद्धोदकस्नानं समर्पयामि ॥

घृतेन स्ना पयिष्ये Ghee

ॐ शुक्रमसि ज्योतिरसि तेजोऽसि देवो वस् सवितोत् पुनात्वच्छिद्रेण पवित्रेण वसोस् सूर्यस्य रश्मिभिः ॥ घृतस्नानं समर्पयामि ॥ ॐ अघोरेभ्योऽथ् अघोरेभ्यो घोरघोरतरेभ्यः । सर्वेभ्यस् सर्वशर्वेभ्यो नमस्ते अस्तु रुद्ररूपेभ्यः ॥ शुद्धोदकस्नानं समर्पयामि ॥

मधुना स्ना पयिष्ये Honey

ॐ मधु वाता ऋतायते मधु क्षरन्ति सिन्धवः । माध्वीर्नस् सन्त्वोषधीः ॥ मधुनक्तमुतोषसि मधुमत्पार्थिवꣳ रजः । मधु द्यौरस्तु नः पिता ॥ मधुमान्नो वनस्पतिर्मधुमाꣳ अस्तु सूर्यः । माध्वीर्गावो भवन्तु नः ॥ मधुस्नानं समर्पयामि । ॐ तत्पुरुषाय विद्महे महादेवाय धीमहि । तन्नो रुद्रः प्रचोदयात् ॥ शुद्धोदकस्नानं समर्पयामि ॥

शर्करया स्ना पयिष्ये Shakkar

ॐ स्वादुः पवस्व दिव्याय जन्मने स्वादुर् इन्द्राय सुहवीतु नाम्ने । स्वादुर् मित्राय वरुणाय वायवे बृहस्पतये मधुमाꣳ अदाभ्यः ॥ शर्करास्नानं समर्पयामि । ॐ ईशानस् सर्वविद्यानाम् ईश्वरस् सर्वभूतानां ब्रह्माधिपतिर् ब्रह्मणोऽधिपतिर् ब्रह्मा शिवो मे अस्तु सदा शिवोम् ॥ शुद्धोदकस्नानं समर्पयामि ॥

क्षीरो दधि-घृतं चैव मधु-शर्करान्वितम् । पञ्चामृतं गृहाणेदं जगन्नाथ नमोस्तुते ॥ पञ्चामृताभिषेक-स्नानं समर्पयामि ॥

श्री गणपति अथर्वशीर्षः ।

ॐ भद्रं कर्णेभिश् शृणुयाम देवाः । भद्रं पश्ये माक्षभिर् यजत्राः ।
स्थिरैरङ्गैस् तुष्टुवाꣳस् सस्तनूभिः । व्यशेम देवहितयँ यदायुः । स्वस्ति न इन्द्रो वृद्धश्रवाः ।
स्वस्ति नः पूषा विश्ववेदाः । स्वस्ति नस्ताक्ष्र्यो अरिष्टनेमिः । स्वस्ति नो बृहस्पतिर्दधातु ॥
ॐ शान्तिः शान्तिः शान्तिः ॥

ॐ नमस्ते गणपतये । त्वमेव प्रत्यक्षं तत्त्वमसि । त्वमेव केवलं कर्ताऽसि । त्वमेव केवलं धर्ताऽसि । त्वमेव केवलं हर्ताऽसि । त्वमेव सर्वं खल्विदं ब्रह्मासि । त्वं साक्षाद् आत्माऽसि नित्यम् ॥ १॥ ऋतं वच्मि । सत्यं वच्मि ॥ २॥ अव त्वं माम् । अव वक्तारम् । अव श्रोतारम् । अव दातारम् । अव धातारम् । अवानूचानमव शिष्यम् । अव पश्चात्तात् । अव पुरस्तात् । अवोत्तरात्तात् । अव दक्षिणात्तात् । अव चोर्ध्वात्तात् । अवाधरात्तात् । सर्वतो मां पाहि पाहि समन्तात् ॥ ३॥ त्वं वाङ्मयस् त्वं चिन्मयः । त्वम् आनन्दमयस् त्वं ब्रह्ममयः । त्वं सच्चिदानन्दाऽद्वितीयोऽसि । त्वं प्रत्यक्षं ब्रह्मासि । त्वं ज्ञानमयो विज्ञानमयोऽसि ॥ ४॥ सर्वं जगदिदं त्वत्तो जायते । सर्वं जगदिदं त्वत्तस् तिष्ठति । सर्वं जगदिदं त्वयि लयमेष्यति। सर्वं जगदिदं त्वयि प्रत्येति । त्वं भूमिरापोऽनलोऽनिलो नभः । त्वं चत्वारि वाक्पदानि ॥ ५॥ त्वं गुणत्रयातीतः । त्वम् अवस्थात्रयातीतः । त्वं देहत्रयातीतः । त्वं कालत्रयातीतः । त्वं मूलाधारस्थितोऽसि नित्यम् । त्वं शक्तित्रयात्मकः । त्वाँ योगिनो ध्यायन्ति नित्यम् । त्वं ब्रह्मा त्वं विष्णुस् त्वं रुद्रस् त्वं इन्द्रस् त्वं अग्निस् त्वं वायुस् त्वं सूर्यस् त्वं चंद्रमास् त्वं ब्रह्म भूर्भुवस् सुवरोम् ॥ ६॥ गणादिं पूर्वमुच्चार्य वर्णादीं स्तदनन्तरम् । अनुस्वारः परतरः । अर्धेन्दुलसितम् । तारेण ऋद्धम् । एतत् तव मनुस्वरूपम् । गकारः पूर्वरूपम् । अकारो मध्यमरूपम् । अनुस्वारश्चान्त्यरूपम् । बिन्दुरुत्तररूपम् । नादस् सन्धानम् । सꣳहिता सन्धिः । सैषा गणेशविद्या । गणक ऋषिः । निचृद् गायत्रीच्छन्दः । श्री महागणपतिर् देवता । ॐ गं गणपतये नमः ॥ ७॥ एकदन्ताय विद्महे वक्रतुण्डाय धीमहि । तन्नो दन्तिः प्रचोदयात् ॥ ८॥ एकदन्तं चतुर् हस्तं पाशम् अङ्कुशधारिणम् । रदं च वरदं हस्तैर् बिभ्राणं मूषकध्वजम् । रक्तं लम्बोदरं शूर्पकर्णकं रक्तवाससम् । रक्तगन्धानुलिप्ताङ्गं रक्तपुष्पैस् सुपूजितम् । भक्तानुकम्पिनं देवं

जगत् कारणम् अच्युतम् । आविर्भूतं च सृष्ट्यादौ प्रकृतेः पुरुषात्परम् । एवं ध्यायति यो नित्यं स योगी योगिनां वरः ॥ ९॥ नमो व्रातपतये । नमो गणपतये । नमः प्रमथपतये । नमस्ते अस्तु लम्बोदरायैकदन्ताय विघ्नविनाशिने शिवसुताय श्रीवरदमूर्तये नमो नमः ॥ १०॥

<u>फलश्रुति</u> एतद् अथर्वशीर्षं योऽधीते स ब्रह्मभूयाय कल्पते । स सर्वविघ्नैर् न बाध्यते । स सर्वत्र सुखमेधते । स पञ्चमहापापात् प्रमुच्यते । सायम् अधीयानो दिवसकृतं पापं नाशयति । प्रातर् अधीयानो रात्रिकृतं पापं नाशयति । सायं प्रातः प्रयुञ्जानो पापोऽपापो भवति । सर्वत्राधीयानोऽपविघ्नो भवति । धर्मार्थकाममोक्षं च विन्दति । इदम् अथर्वशीर्षम् अशिष्याय न देयम् । यो यदि मोहाद् दास्यति स पापीयान् भवति । सहस्रावर्तनाद् यँ यं काममधीते तं तमनेन साधयेत् ॥ ११॥ अनेन गणपतिम् अभिषिञ्चति स वाग्मी भवति । चतुर्थ्यामन् अश्नन् जपति स विद्यावान् भवति । इत्यथर्वणवाक्यम् । ब्रह्माद्यावरणं विद्यान् न बिभेति कदाचनेति ॥ १२॥ यो दूर्वाङ्कुरैर् यजति स वैश्रवणोपमो भवति । यो लाजैर् यजति स यशोवान् भवति । स मेधावान् भवति । यो मोदकसहस्रेण यजति स वाञ्छितफलम् अवाप्नोति । यस् साज्य समिद्भिर् यजति स सर्वँ लभते स सर्वँ लभते ॥ १३॥ अष्टौ ब्राह्मणान् सम्यग् ग्राहयित्वा सूर्यवर्चस्वी भवति । सूर्यग्रहे महानद्यां प्रतिमासन्निधौ वा जप्त्वा सिद्धमन्त्रो भवति । महाविघ्नात् प्रमुच्यते । महादोषात् प्रमुच्यते । महापापात् प्रमुच्यते । महाप्रत्यवायात् प्रमुच्यते । स सर्वविद् भवति स सर्वविद् भवति । य एवं वेद । इत्युपनिषत् ॥ १४॥

<u>शान्ति मन्त्रः</u>

ॐ सह नाववतु । सह नौ भुनक्तु । सह वीर्यं करवावहै ।
तेजस्विनावधीतमस्तु मा विद्विषावहै ॥ ॐ शान्तिः शान्तिः शान्तिः ॥

Shanti Mantra Essence

May we come together to partake of wisdom. May we enjoy together. May we grow in strength together. May our intellect shine and our study be brilliant. May we not put down each other. Om Peace in our heart, in our body and in our environs.

Laghu Nyasa लघुन्यासः

Establishing the Devatas अथ आत्मनि देवताः स्थापयेत् ।

प्रजनने ब्रह्मा तिष्ठतु । पादयोर्विष्णुस् तिष्ठतु । हस्तयोर् हरस् तिष्ठतु । बाह्वोर् इन्द्रस् तिष्ठतु। जठरेऽग्निस् तिष्ठतु । हृदये शिवस् तिष्ठतु । कण्ठे वसवस् तिष्ठन्तु । वक्त्रे सरस्वती तिष्ठतु । नासिक्योर् वायुस् तिष्ठतु । नयनयोश् चन्द्रादित्यौ तिष्ठेताम् । कर्णयोर् अश्विनौ तिष्ठेताम् । ललाटे रुद्रास् तिष्ठन्तु । मूर्ध्न्य आदित्यास् तिष्ठन्तु । शिरसि महादेवस् तिष्ठतु । शिखायां वामदेवस् तिष्ठतु । पृष्ठे पिनाकी तिष्ठतु । पुरतः शूली तिष्ठतु । पार्श्वयोः शिवाशङ्करौ तिष्ठेताम् । सर्वतो वायुस् तिष्ठतु । ततो बहिः सर्वतोऽग्निर् ज्वालामाला-परिवृतस् तिष्ठतु । सर्वेष्वङ्गेषु सर्वा देवता यथास्थानं तिष्ठन्तु । मां रक्षन्तु ॥
अस्माकं सर्वेषाम् रक्षन्तु ।

ॐ अ॒ग्निर् मे॑ वा॒चि श्रि॒तः । वाग्धृद॑ये । हृद॑यं॒ मयि॑ । अ॒हम् अ॒मृते॓ । अ॒मृतं॒ ब्रह्म॑णि ।
वा॒युर् मे॓ प्रा॒णे श्रि॒तः । प्रा॒णो हृद॑ये । हृद॑यं॒ मयि॑ । अ॒हम् अ॒मृते॓ । अ॒मृतं॒ ब्रह्म॑णि ।
सूर्यो॑ मे॒ चक्षुषि श्रि॒तः । चक्षु॒र् हृद॑ये । हृद॑यं॒ मयि॑ । अ॒हम् अ॒मृते॓ । अ॒मृतं॒ ब्रह्म॑णि ।
च॒न्द्रमा॑ मे॒ मन॑सि श्रि॒तः । मनो॒ हृद॑ये । हृद॑यं॒ मयि॑ । अ॒हम् अ॒मृते॓ । अ॒मृतं॒ ब्रह्म॑णि ।
दिशो॑ मे॒ श्रोत्रे॓ श्रि॒ताः । श्रोत्र॒ꣳ॒ हृद॑ये । हृद॑यं॒ मयि॑ । अ॒हम् अ॒मृते॓ । अ॒मृतं॒ ब्रह्म॑णि ।
आपो॑ मे॒ रेत॑सि श्रि॒ताः । रेतो॒ हृद॑ये । हृद॑यं॒ मयि॑ । अ॒हम् अ॒मृते॓ । अ॒मृतं॒ ब्रह्म॑णि ।
पृ॒थि॒वी मे॒ शरी॑रे श्रि॒ता । शरी॑र॒ꣳ॒ हृद॑ये । हृद॑यं॒ मयि॑ । अ॒हम् अ॒मृते॓ । अ॒मृतं॒ ब्रह्म॑णि ।
ओ॒ष॒धि॒व॒न॒स्प॒तयो॑ मे॒ लोम॑सु श्रि॒ताः। लोमा॑नि॒ हृदये। हृद॑यं॒ मयि॑ । अ॒हम् अ॒मृते॓ । अ॒मृतं॒ ब्रह्म॑णि ।
इन्द्रो॑ मे॒ बले॓ श्रि॒तः । बल॒ꣳ॒ हृद॑ये । हृद॑यं॒ मयि॑ । अ॒हम् अ॒मृते॓ । अ॒मृतं॒ ब्रह्म॑णि ।
प॒र्जन्यो॑ मे मू॒र्ध्नि श्रि॒तः । मू॒र्धा हृद॑ये । हृद॑यं॒ मयि॑ । अ॒हम् अ॒मृते॓ । अ॒मृतं॒ ब्रह्म॑णि ।
ईशा॑नो मे म॒न्यौ श्रि॒तः । म॒न्युर् हृद॑ये । हृद॑यं॒ मयि॑ । अ॒हम् अ॒मृते॓ । अ॒मृतं॒ ब्रह्म॑णि ।
आ॒त्मा म॑ आ॒त्मनि॑ श्रि॒तः । आ॒त्मा हृद॑ये । हृद॑यं॒ मयि॑ । अ॒हम् अ॒मृते॓ । अ॒मृतं॒ ब्रह्म॑णि ।
पुन॑र्म आ॒त्मा पुन॒र् आयु॒रागा॑त् । पुन॑ꣳ प्रा॒णꣳ पुन॒राकू॑तम् आगा॑त् । वै॒श्वा॒नरो र॒श्मिभि॑र् वावृधा॒नः । अ॒न्तस् तिष्ठ॒त्वमृत॑स्य गो॒पाः ॥

अस्य श्रीरुद्रस्य प्रश्नस्य महामन्त्रस्य अनुष्टुप् छन्दस्य अघोर ऋषिः अमृतानुष्टुप् छन्दः श्रीसङ्कर्षणमूर्तिस्वरूपो योऽसावादित्यः । स एष परमपुरुषः परब्रह्मत्र्यम्बकं मृत्युञ्जय रुद्रो देवता । नमः शिवायेति बीजम् । शिवतरायेति शक्तिः । महादेवायेति कीलकम् । अस्माकं सर्वेषां समस्तपापक्षयार्थे न्यासे विनियोगः ॥

Nyase Viniyogah (open)

अथ कर-न्यासः

ॐ अग्निहोत्रात्मने अङ्गुष्ठाभ्यां नमः । ॐ दर्शपूर्णमासात्मने तर्जनीभ्यां नमः ।
ॐ चातुर्मास्यात्मने मध्यमाभ्यां नमः । ॐ निरूढपशुबन्धात्मने अनामिकाभ्यां नमः ।
ॐ ज्योतिष्ठोमात्मने कनिष्ठिकाभ्यां नमः । ॐ सर्वक्रत्वात्मने करतलकरपृष्ठाभ्यां नमः ॥

अथ हृदयादि अङ्ग-न्यासः

ॐ अग्निहोत्रात्मने हृदयाय नमः । ॐ दर्शपूर्णमासात्मने शिरसे स्वाहा ।
ॐ चातुर्मास्यात्मने शिखायै वषट् । ॐ निरूढपशुबन्धात्मने कवचाय हुम् ।
ॐ ज्योतिष्ठोम् आत्मने नेत्रत्रयाय वौषट् । ॐ सर्वक्रत्वात्मने अस्त्राय फट् ॥
भूर्भुवस्सुवरोम् इति दिग्बन्धः ॥

Dhyanam ध्यानम्

आपाताळ-नभस् स्थलान्त-भुवन-ब्रह्माण्डम् आविस्फुरत् ज्योतिस् स्फाटिक-लिङ्ग-मौळि-विलसत्पूर्णेन्दु-वान्तामृतैः । अस्तोकाप्लुतम् एकम् ईशम् अनिशं रुद्रानुवाकाञ्जपन् ध्याये-दीप्सित-सिद्धये ध्रुवपदं विप्रोऽभिषिञ्चे-च्छिवम् ॥ ब्रह्माण्ड-व्याप्तदेहा भसित-हिमरुचा भासमाना भुजङ्गैः कण्ठे कालाᳲ कपर्दाकलित-शशिकलाश् चण्डकोदण्डहस्ताः । त्र्यक्षा रुद्राक्षभूषाः प्रणतभयहराश् शाम्भवा मूर्तिभेदाः रुद्राः श्रीरुद्रसूक्त-प्रकटितविभवा नᳲ प्रयच्छन्तु सौख्यम् ॥

Shiva Sankalpa Sukta

कैलास शिखरे रम्ये शङ्करस्य शिवालये । देवतास् तत्र मोदन्ति तन्मे मनश् शिवसङ्कल्पमस्तु ॥ शुद्धस्फटिक-सन्काशं शुद्धविद्या प्रदायकम् । शुद्धं पूर्णं चिदानन्दं सदाशिवमहं भजे ॥

Verses for Chanting

The Rudram

Shantipatha for Rudram

चमकप्रश्नः 3rd Anuvaka (ring the bell)

ॐ शं च मे मयश्च मे प्रियं च मेऽनुकामश्च मे कामश्च मे सौमनसश्च मे भद्रं च मे श्रेयश्च मे वस्यश्च मे यशश्च मे भगश्च मे द्रविणं च मे यन्ता च मे धर्ता च मे क्षेमश्च मे धृतिश्च मे विश्वं च मे महश्च मे संविच्च मे ज्ञात्रं च मे सूश्च मे प्रसूश्च मे सीरं च मे लयश्च म ऋतं च मेऽमृतं च मेऽयक्ष्मं च मेऽनामयच्च मे जीवातुश्च मे दीर्घायुत्वं च मेऽनमित्रं च मेऽभयं च मे सुगं च मे शयनं च मे सूषा च मे सुदिनं च मे ॥

ॐ इडा देवहूर् मनुर्यज्ञनीर् बृहस्पतिरुक्थामदानि शꣳसिषद् विश्वे देवास् सूक्तवाचः पृथिविमातर्मा मा हिꣳसीर् मधु मनिष्ये मधु जनिष्ये मधु वक्ष्यामि मधु वदिष्यामि मधुमतीं देवेभ्यो वाचमुद्यासꣳ शुश्रूषेण्यां मनुष्येभ्यस्तं मा देवा अवन्तु शोभायै पितरोऽनुमदन्तु॥
ॐ शान्तिः शान्तिः शान्तिः ॥

Namakam श्री रुद्रप्रश्नः ॥ नमकम्॒ ॥

1st Anuvaka

ॐ नमो भगवते॑ रुद्रा॒य ॥

ॐ नम॑स्ते रुद्र म॒न्यव॑ उ॒तोत॒ इष॑वे नमः॑ । नम॑स्ते अस्तु॒ धन्व॑ने बा॒हुभ्या॑मु॒त ते॒ नमः॑ । या
त॒ इषु॑श् शि॒वत॑मा शि॒वं ब॑भूव॒ ते॒ धनुः॑ । शि॒वा श॑र॒व्या॑ या तव॒ तया॑ नो रुद्र मृडय । या ते॑
रुद्र शि॒वा त॒नूरघो॒राऽपा॑पकाशिनी । तया॑ नस्त॒नुवा॒ शन्त॑मया॒ गिरि॑शन्ता॒भिचा॑कशीहि ।
यामिषुं॑ गिरिशन्त॒ हस्ते॒ बिभ॒र्ष्यस्त॑वे । शि॒वां गि॑रित्र॒ तां कु॑रु॒ मा हि॑ꣳसीः॒ पुरु॑षं॒ जग॑त् ।
शि॒वेन॒ वच॑सा त्वा॒ गिरि॒शाच्छा॑वदामसि । यथा॑ न॒स् सर्व॒मिज्जग॑द॒य॒क्ष्मꣳ सु॒मना॒ अस॑त् ।
अध्य॑वोचदधिव॒क्ता प्र॑थ॒मो दैव्यो॑ भि॒षक् । अही॑ꣳश्च॒ सर्वा᳚ञ्जम्भ॒यन्त्सर्वा᳚श्च यातुधा॒न्यः॑ ।
अ॒सौ यस्ता॒म्रो अ॑रु॒ण उ॒त ब॒भ्रुस् सु॑म॒ङ्गलः॑ । ये चे॒माꣳ रु॒द्रा अ॒भितो॑ दि॒क्षु श्रि॒तास्
स॑हस्र॒शोऽवै॑षा॒ꣳ हेड॑ ईमहे । अ॒सौ यो॑ऽवसर्प॑ति॒ नील॑ग्रीवो॒ विलो॑हितः । उ॒तैनं॑ गो॒पा
अ॑दृश॒न्नदृ॑शन्नुदहा॒र्यः॑ । उ॒तैनं॒ विश्वा॑ भू॒तानि॒ स दृ॒ष्टो मृ॑डयाति नः । नमो॑ अस्तु॒ नील॑ग्रीवाय
सहस्रा॒क्षाय॑ मी॒ढुषे᳚ । अथो॒ ये अ॑स्य॒ सत्त्वा॑नो॒ऽहं तेभ्यो॑ऽकर॒न् नमः॑ । प्रमु॑ञ्च॒ धन्व॑न॒स्त्वम्
उ॒भयो॒रार्त्नि॑ यो॒र्ज्याम् । याश्च॑ ते॒ हस्त॒ इष॑वः॒ परा॒ ता भ॑गवो वप । अ॒व॒तत्य॒ धनु॒स्त्वꣳ
सह॑स्राक्ष॒ शते॑षुधे । नि॒शीर्य॑ श॒ल्यानां॒ मुखा॑ शि॒वो न॑स् सु॒मना॑ भव । विज्यं॒ धनुः॑ कप॒र्दिनो॒
विश॑ल्यो॒ बाण॑वाꣳ उ॒त । अने॑शन्न॒स्येष॑व आ॒भुर॑स्य निषङ्ग॒थिः । या ते॑ हे॒तिर्मी॑ढुष्टम॒ हस्ते॑
ब॒भूव॑ ते॒ धनुः॑ । तया॒ऽस्मान् वि॒श्वत॒स्त्वम॑य॒क्ष्मया॒ परि॑ब्भुज । नम॑स्ते अ॒स्त्वायु॑-धाया-
ना॑तताय धृष्णवे᳚ । उ॒भाभ्या॑मु॒त ते॒ नमो॑ बा॒हुभ्यां॒ तव॒ धन्व॑ने । परि॑ ते॒ धन्व॑नो हे॒तिर्
अ॒स्मान्वृ॑णक्तु वि॒श्वतः॑ । अथो॒ य इ॑षु॒धिस्तवा॒रे अ॒स्मन्निधे॑हि॒ तम् ॥ (श्रीशम्भवे नमः) ॥
नम॑स्ते अस्तु भगवन् विश्वेश्व॒राय॑ महादे॒वाय॑ त्र्यम्बका॒य॑ त्रिपुरान्तका॒य॑ त्रिका॒ग्निका॒लाय॑
का॒लाग्नि॒रु॒द्राय॑ नीलक॒ण्ठाय॑ मृत्युञ्ज॒याय॑ सर्वेश्व॒राय॑ सदाशि॒वाय॑ श्रीमन् महादे॒वाय॒ नमः॑ ॥
१ ॥

2nd Anuvaka

नमो॒ हि॒र॑ण्यबाहवे सेना॒न्ये॑ दि॒शाञ्च॒ पत॑ये॒ नमो॒ नमो॑ वृ॒क्षेभ्यो॒ हरि॑केशेभ्यः पशू॒नां पत॑ये॒ नमो॒ नम॑स् स॒स्पिञ्ज॑राय॒ त्विषी॑मते पथी॒नां पत॑ये॒ नमो॒ नमो॑ बभ्लु॒शाय॑ विव्या॒धिनेऽन्ना॑नां॒ पत॑ये॒ नमो॒ नमो॒ हरि॑केशायोपवी॒तिने॑ पु॒ष्टानां॒ पत॑ये॒ नमो॒ नमो॑ भ॒वस्य॑ हे॒त्यै जग॑तां॒ पत॑ये॒ नमो॒ नमो॑ रु॒द्राया॑तता॒विने॒ क्षेत्रा॑णां॒ पत॑ये॒ नमो॒ नम॑स् सू॒तायाह॑न्त्याय॒ वना॑नां॒ पत॑ये॒ नमो॒ नमो॒ रोहि॑ताय स्थ॒पत॑ये वृ॒क्षाणां॒ पत॑ये॒ नमो॒ नमो॑ म॒न्त्रिणे॑ वाणि॒जाय॒ कक्षा॑णां॒ पत॑ये॒ नमो॒ नमो॑ भुव॒न्तये॑ वारिवस्कृ॒तायौष॑धीनां॒ पत॑ये॒ नमो॒ नम॑ उ॒च्चैर्घो॑षायाक्र॒न्दय॑ते पत्ती॒नां पत॑ये॒ नमो॒ नम॑ः कृत्स्नवी॒ताय॒ धाव॑ते॒ सत्त्व॑नां॒ पत॑ये॒ नम॑ः ॥ २ ॥

3rd Anuvaka

नम॒स् सह॑मानाय नि॒व्या॒धिन॑ आव्या॒धिनी॑नां॒ पत॑ये॒ नमो॒ नम॑ः ककु॒भाय॑ निष॒ङ्गिणे॑ स्ते॒नानां॒ पत॑ये॒ नमो॒ नमो॑ निष॒ङ्गिण॑ इषुधि॒मते॑ तस्क॑राणां॒ पत॑ये॒ नमो॒ नमो॒ वञ्च॑ते परि॒वञ्च॑ते स्ताय॒ूनां॒ पत॑ये॒ नमो॒ नमो॑ नि॒चे॒रवे॑ परि॒च॒रायार॑ण्यानां॒ पत॑ये॒ नमो॒ नम॑स् सृका॒विभ्यो॒ जिघा॑ꣳसद्भ्यो मुष्ण॒तां पत॑ये॒ नमो॒ नमो॑ऽसि॒मद्भ्यो॒ नक्तं॒चर॑द्भ्यः प्रकृ॒न्तानां॒ पत॑ये॒ नमो॒ नम॑ उष्णी॒षिणे॑ गिरि॒च॒राय॑ कुलु॒ञ्चानां॒ पत॑ये॒ नमो॒ नम॒ इषु॑मद्भ्यो धन्वा॒विभ्य॑श्च वो॒ नमो॒ नम॑ आतन्वा॒नेभ्य॑ः प्रति॒दधा॑नेभ्यश्च वो॒ नमो॒ नम॑ आ॒यच्छ॑द्भ्यो विसृ॒जद्भ्य॑श्च वो॒ नमो॒ नमो॒ऽस्य॑द्भ्यो॒ विध्य॑द्भ्यश्च वो॒ नमो॒ नम॒ आसी॑नेभ्यश् शया॑नेभ्यश्च वो॒ नमो॒ नम॑स् स्व॒पद्भ्यो॒ जाग्र॑द्भ्यश्च वो॒ नमो॒ नम॒स् तिष्ठ॑द्भ्यो॒ धाव॑द्भ्यश्च वो॒ नमो॒ नम॑स् स॒भाभ्य॑स् स॒भाप॑तिभ्यश्च वो॒ नमो॒ नमो॒ अश्वे॒भ्यो अश्व॑पतिभ्यश्च वो॒ नम॑ः ॥ ३ ॥

4th Anuvaka

नम॑ आव्या॒धिनी॑भ्यो वि॒विध्य॑न्तीभ्यश्च वो॒ नमो॒ नम॒ उग॑णाभ्यस्तृꣳह॒तीभ्य॑श्च वो॒ नमो॒ नमो॑ गृ॒त्सेभ्यो॑ गृ॒त्सप॑तिभ्यश्च वो॒ नमो॒ नमो॒ व्राते॑भ्यो॒ व्रात॑पतिभ्यश्च वो॒ नमो॒ नमो॑ ग॒णेभ्यो॑ ग॒णप॑तिभ्यश्च वो॒ नमो॒ नमो॒ विरू॑पेभ्यो वि॒श्वरू॑पेभ्यश्च वो॒ नमो॒ नमो॑ म॒हद्भ्य॑ः क्षुल्ल॒केभ्य॑श्च वो॒ नमो॒ नमो॑ र॒थिभ्यो॑ऽर॒थेभ्य॑श्च वो॒ नमो॒ नमो॒ रथे॑भ्यो॒ रथ॑पतिभ्यश्च वो॒ नमो॒ नम॒स् सेना॑भ्यस् सेना॒निभ्य॑श्च वो॒ नमो॒ नम॑ः क्ष॒त्तृभ्य॑स् संग्रही॒तृभ्य॑श्च वो॒ नमो॒ नम॒स् तक्ष॑भ्यो रथका॒रेभ्य॑श्च वो॒ नमो॒ नम॒ः कुला॑लेभ्यः क॒र्मारे॑भ्यश्च वो॒ नमो॒ नम॑ः पु॒ञ्जिष्टे॑भ्यो निषा॒देभ्य॑श्च वो॒ नमो॒ नम॑ इषु॒कृद्भ्यो॑ धन्व॒कृद्भ्य॑श्च वो॒ नमो॒ नमो॑ मृग॒युभ्य॑श् श्व॒निभ्य॑श्च वो॒ नमो॒ नम॒श् श्वभ्य॒श् श्वप॑तिभ्यश्च वो॒ नम॑ः ॥ ४ ॥

5th Anuvaka

नमो भवाय च रुद्राय च नमश् शर्वाय च पशुपतये च नमो नीलग्रीवाय च शितिकण्ठाय च नमः कपर्दिने च व्युप्तकेशाय च नमस् सहस्राक्षाय च शतधन्वने च नमो गिरिशाय च शिपिविष्टाय च नमो मीढुष्टमाय चेषुमते च नमो ह्रस्वाय च वामनाय च नमो बृहते च वर्षीयसे च नमो वृद्धाय च संवृध्वने च नमो अग्रियाय च प्रथमाय च नम आशवे चाजिराय च नमश् शीघ्रियाय च शीभ्याय च नम ऊर्म्याय चावस्वन्याय च नमस् स्रोतस्याय च द्वीप्याय च ॥ ५ ॥

6th Anuvaka

नमो ज्येष्ठाय च कनिष्ठाय च नमः पूर्वजाय चापरजाय च नमो मध्यमाय चापगल्भाय च नमो जघन्याय च बुध्नियाय च नमस् सोभ्याय च प्रतिसर्याय च नमो याम्याय च क्षेम्याय च नम उर्वर्याय च खल्याय च नमश् श्लोक्याय चाऽवसान्याय च नमो वन्याय च कक्ष्याय च नमश् श्रवाय च प्रतिश्रवाय च नम आशुषेणाय चाशुरथाय च नमश् शूराय चावभिन्दते च नमो वर्मिणे च वरूथिने च नमो बिल्मिने च कवचिने च नमश् श्रुताय च श्रुतसेनाय च ॥ ६ ॥

7th Anuvaka

नमो दुन्दुभ्याय चाहनन्याय च नमो धृष्णवे च प्रमृशाय च नमो दूताय च प्रहिताय च नमो निषङ्गिणे चेषुधिमते च नमस्तीक्ष्णेषवे चायुधिने च नमस् स्वायुधाय च सुधन्वने च नमस् स्रुत्याय च पथ्याय च नमः काट्याय च नीप्याय च नमस् सूद्याय च सरस्याय च नमो नाद्याय च वैशन्ताय च नमः कूप्याय चावट्याय च नमो वर्ष्याय चावर्ष्याय च नमो मेघ्याय च विद्युत्याय च नम ईध्रियाय चातप्याय च नमो वात्याय च रेष्मियाय च नमो वास्तव्याय च वास्तुपाय च ॥ ७ ॥

8th Anuvaka (ring the bell)

नमस् सोमाय च रुद्राय च नमस् ताम्राय चारुणाय च नमश् शङ्गाय च पशुपतये च नम उग्राय च भीमाय च नमो अग्रेवधाय च दूरेवधाय च नमो हन्त्रे च हनीयसे च नमो वृक्षेभ्यो हरिकेशेभ्यो नमस् ताराय नमश् शम्भवे च मयोभवे च नमश् शङ्कराय च मयस्कराय च **नमः शिवाय** च शिवतराय च नमस्तीर्थ्याय च कूल्याय च नमः पार्याय चावार्याय च नमः प्रतरणाय चोत्तरणाय च नम आतार्याय चालाद्याय च नमश् शष्प्याय च फेन्याय च नमस् सिकत्याय च प्रवाह्याय च ॥ ८ ॥

9th Anuvaka

नम इरिण्याय च प्रपथ्याय च नमः किꣳशिलाय च क्षयणाय च नमः कपर्दिने च पुलस्तये च नमो गोष्ठ्याय च गृह्याय च नमस्तल्प्याय च गेह्याय च नमः काट्याय च गह्वरेष्ठाय च नमो ह्रदय्याय च निवेष्प्याय च नमः पाꣳसव्याय च रजस्याय च नमश् शुष्क्याय च हरित्याय च नमो लोप्याय चोलप्याय च नम ऊर्व्याय च सूर्म्याय च नमः पर्ण्याय च पर्णशद्याय च नमोऽपगुरमाणाय चाभिघ्नते च नम आख्खिदते च प्रख्खिदते च नमो वः किरिकेभ्यो देवानाꣳ हृदयेभ्यो नमो विक्षीणकेभ्यो नमो विचिन्वत्केभ्यो नम आनिर्हतेभ्यो नम आमीवत्केभ्यः ॥ ९ ॥

10th Anuvaka

द्रापे अन्धसस्पते दरिद्रन् नीललोहित । एषां पुरुषाणाम् एषां पशूनां मा भेर्माऽरो मो एषां किञ्चनाममत् । या ते रुद्र शिवा तनूश् शिवा विश्वाहभेषजी । शिवा रुद्रस्य भेषजी तया नो मृड जीवसे ॥ इमाꣳ रुद्राय तवसे कपर्दिने क्षयद्वीराय प्रभरामहे मतिम् । यथा नश् शमसद्-द्विपदे चतुष्पदे विश्वं पुष्टं ग्रामे अस्मिन्ननातुरम् ॥ मृडा नो रुद्रोत नो मयस्कृधि क्षयद्वीराय नमसा विधेम ते । यच्छं च योश्च मनुरायजे पिता तद् अश्याम तव रुद्र प्रणीतौ ॥ मा नो महान्तमुत मा नो अर्भकं मा न उक्षन्तमुत मा न उक्षितम् । मा नोऽवधीः पितरं मोत मातरं प्रिया मा नस्तनुवो रुद्र रीरिषः । मा नस्तोके तनये मा न आयुषि मा नो गोषु मा नो अश्वेषु रीरिषः । वीरान्मा नो रुद्र भामितोऽवधीर् हविष्मन्तो नमसा विधेम ते । आरात्ते गोघ्न उत पूरुषघ्ने क्षयद्वीराय सुम्नमस्मे ते अस्तु । रक्षा च नो अधि च देव ब्रूह्यधा च नश् शर्म यच्छ द्विबर्हाः । स्तुहि श्रुतं गर्तसदं युवानं मृगन्न भीमम् उपहत्नुमुग्रम् । मृडा जरित्रे रुद्र स्तवानो अन्यन्ते अस्मन्निवपन्तु सेनाः । परिणो रुद्रस्य हेतिर्वृणक्तु परि त्वेषस्य

दुर्मतिर् अघायोः । अव स्थिरा मघवद्भ्यस्तनुष्व मीढ्वस्तोकाय तनयाय मृडय ॥ मीढुष्टम शिवतम शिवो नस् सुमना भव । परमे वृक्ष आयुधन्निधाय कृत्तिं वसान आचर पिनाकं बिभ्रदागहि ॥ विकिरिद विलोहित नमस्ते अस्तु भगवः । यास्ते सहस्रꣳ हेतयोन्यमस्मन्निवपन्तु ताः । सहस्राणि सहस्रधा बाहुवोस्तव हेतयः । तासामीशानो भगवः पराचीना मुखा कृधि ॥१०॥

11th Anuvaka

सहस्राणि सहस्रशो ये रुद्रा अधि भूम्याम् । तेषाꣳ सहस्रयोजनेऽवधन्वानि तन्मसि । अस्मिन् महत्यर्णवेऽन्तरिक्षे भवा अधि । नीलग्रीवाश् शितिकण्ठाश् शर्वा अधः क्षमाचराः। नीलग्रीवाश् शितिकण्ठा दिवꣳ रुद्रा उपश्रिताः । ये वृक्षेषु सस्पिञ्जरा नीलग्रीवा विलोहिताः । ये भूतानाम् अधिपतयो विशिखासः कपर्दिनः। ये अन्नेषु विविध्यन्ति पात्रेषु पिबतो जनान् । ये पथां पथिरक्षय ऐलबृदा यव्युधः । ये तीर्थानि प्रचरन्ति सृकावन्तो निषङ्गिणः ॥ य एतावन्तश्च भूयाꣳसश्च दिशो रुद्रा वितस्थिरे । तेषाꣳ सहस्रयोजनेऽवधन्वानि तन्मसि ॥ नमो रुद्रेभ्यो ये पृथिव्यां येऽन्तरिक्षे ये दिवि येषामन्नं वातो वर्षमिषवस्तेभ्यो दश प्राचीर्दश दक्षिणा दश प्रतीचीर्दशोदीचीर्दशोर्ध्वास्तेभ्यो नमस्ते नो मृडयन्तु ते यं द्विष्मो यश्च नो द्वेष्टि तं वो जम्भे दधामि ॥ ११ ॥

Addendum

त्र्यम्बकयँ यजामहे सुगन्धिं पुष्टिवर्धनम् ।
उर्वारुकमिव बन्धनान् मृत्योर् मुक्षीय माऽमृतात् ॥

यो रुद्रो अग्नौ यो अप्सु य ओषधीषु यो रुद्रो विश्वा भुवना विवेश तस्मै रुद्राय नमो अस्तु ॥ तमुष्टुहि यस् स्विषुस् सुधन्वा यो विश्वस्य क्षयति भेषजस्य । यक्ष्वामहे सौमनसाय रुद्रं नमोभिर् देवम् असुरं दुवस्य ॥ अयं मे हस्तो भगवान् अयं मे भगवत्-तरः । अयं मे विश्वभेषजोऽयꣳ शिवाभिमर्शनः ॥ ये ते सहस्र मयुतं पाशा मृत्यो मर्त्याय हन्तवे । तान् यज्ञस्य मायया सर्वा नव यजामहे । मृत्यवे स्वाहा मृत्यवे स्वाहा ॥ ॐ नमो भगवते रुद्राय विष्णवे मृत्युर्मे पाहि । प्राणानां ग्रन्थिरसि रुद्रो मा विशान्तकः । तेनान्नेनाप्यायस्व । सदाशिवोम् ॥

Chamakam चमकप्रश्नः ॥ चमकम् ॥

ॐ

अग्नाविष्णू सजोषसेमावर्धन्तु वां गिरः । द्युम्नैर्वाजेभिरागतम् । वाजश्च मे प्रसवश्च मे प्रयतिश्च मे प्रसितिश्च मे धीतिश्च मे क्रतुश्च मे स्वरश्च मे श्लोकश्च मे श्रावश्च मे श्रुतिश्च मे ज्योतिश्च मे सुवश्च मे प्राणश्च मेऽपानश्च मे व्यानश्च मेऽसुश्च मे चित्तं च म आधीतं च मे वाक् च मे मनश्च मे चक्षुश्च मे श्रोत्रं च मे दक्षश्च मे बलं च म ओजश्च मे सहश्च म आयुश्च मे जरा च म आत्मा च मे तनूश्च मे शर्म च मे वर्म च मेऽङ्गानि च मेऽस्थानि च मे परूꣳषि च मे शरीराणि च मे ॥ १ ॥

ज्यैष्ठ्यं च म आधिपत्यं च मे मन्युश्च मे भामश्च मेऽमश्च मेऽम्भश्च मे जेमा च मे महिमा च मे वरिमा च मे प्रथिमा च मे वर्ष्मा च मे द्राघुया च मे वृद्धं च मे वृद्धिश्च मे सत्यं च मे श्रद्धा च मे जगच्च मे धनं च मे वशश्च मे त्विषिश्च मे क्रीडा च मे मोदश्च मे जातं च मे जनिष्यमाणं च मे सूक्तं च मे सुकृतं च मे वित्तं च मे वेद्यं च मे भूतं च मे भविष्यच्च मे सुगं च मे सुपथं च म ऋद्धं च म ऋद्धिश्च मे क्लृप्तं च मे क्लृप्तिश्च मे मतिश्च मे सुमतिश्च मे ॥ २ ॥

ॐ शं च मे मयश्च मे प्रियं च मेऽनुकामश्च मे कामश्च मे सौमनसश्च मे भद्रं च मे श्रेयश्च मे वस्यश्च मे यशश्च मे भगश्च मे द्रविणं च मे यन्ता च मे धर्ता च मे क्षेमश्च मे धृतिश्च मे विश्वं च मे महश्च मे संविच्च मे ज्ञात्रं च मे सूश्च मे प्रसूश्च मे सीरं च मे लयश्च म ऋतं च मेऽमृतं च मेऽयक्ष्मं च मेऽनामयच्च मे जीवातुश्च मे दीर्घायुत्वं च मेऽनमित्रं च मेऽभयं च मे सुगं च मे शयनं च मे सूषा च मे सुदिनं च मे ॥ ३ ॥

ऊर्क् मे सूनृता च मे पयश्च मे रसश्च मे घृतं च मे मधु च मे सग्धिश्च मे सपीतिश्च मे कृषिश्च मे वृष्टिश्च मे जैत्रं च म औद्भिद्यं च मे रयिश्च मे रायश्च मे पुष्टं च मे पुष्टिश्च मे विभु च मे प्रभु च मे बहु च मे भूयश्च मे पूर्णं च मे पूर्णतरं च मेऽक्षितिश्च मे कूयवाश्च मेऽन्नं च मेऽक्षुच्च मे व्रीहयश्च मे यवाश्च मे माषाश्च मे तिलाश्च मे मुद्गाश्च मे खल्वाश्च मे गोधूमाश्च मे मसुराश्च मे प्रियङ्गवश्च मेऽणवश्च मे श्यामाकाश्च मे नीवाराश्च मे ॥ ४ ॥

अश्मा च मे मृत्तिका च मे गिरयश्च मे पर्वताश्च मे सिकताश्च मे वनस्पतयश्च मे हिरण्यं च मेऽयश्च मे सीसं च मे त्रपुश्च मे श्यामं च मे लोहं च मेऽग्निश्च म आपश्च मे वीरुधश्च म ओषधयश्च मे कृष्टपच्यं च मेऽकृष्टपच्यं च मे ग्राम्याश्च मे पशव आरण्याश्च यज्ञेन कल्पन्तां वित्तं च मे वित्तिश्च मे भूतं च मे भूतिश्च मे वसु च मे वसतिश्च मे कर्म च मे शक्तिश्च मेऽर्थश्च म एमश्च म इतिश्च मे गतिश्च मे ॥ ५ ॥

अग्निश्च म इन्द्रश्च मे सोमश्च म इन्द्रश्च मे सविता च म इन्द्रश्च मे सरस्वती च म इन्द्रश्च मे पूषा च म इन्द्रश्च मे बृहस्पतिश्च म इन्द्रश्च मे मित्रश्च म इन्द्रश्च मे वरुणश्च म इन्द्रश्च मे त्वष्टा च म इन्द्रश्च मे धाता च म इन्द्रश्च मे विष्णुश्च म इन्द्रश्च मेऽश्विनौ च म इन्द्रश्च मे मरुतश्च म इन्द्रश्च मे विश्वे च मे देवा इन्द्रश्च मे पृथिवी च म इन्द्रश्च मेऽन्तरिक्षं च म इन्द्रश्च मे द्यौश्च म इन्द्रश्च मे दिशश्च म इन्द्रश्च मे मूर्धा च म इन्द्रश्च मे प्रजापतिश्च म इन्द्रश्च मे ॥ ६ ॥

अꣳशुश्च मे रश्मिश्च मेऽदाभ्यश्च मेऽधिपतिश्च म उपाꣳशुश्च मेऽन्तर्यामश्च म ऐन्द्रवायवश्च मे मैत्रावरुणश्च म आश्विनश्च मे प्रतिप्रस्थानश्च मे शुक्रश्च मे मन्थी च म आग्रयणश्च मे वैश्वदेवश्च मे ध्रुवश्च मे वैश्वानरश्च म ऋतुग्रहाश्च मेऽतिग्राह्याश्च म ऐन्द्राग्नश्च मे वैश्वदेवश्च मे मरुत्वतीयाश्च मे माहेन्द्रश्च म आदित्यश्च मे सावित्रश्च मे सारस्वतश्च मे पौष्णश्च मे पात्नीवतश्च मे हारियोजनश्च मे ॥ ७ ॥

इध्मश्च मे बर्हिश्च मे वेदिश्च मे धिष्णियाश्च मे स्रुचश्च मे चमसाश्च मे ग्रावाणश्च मे स्वरवश्च म उपरवाश्च मेऽधिषवणे च मे द्रोणकलशश्च मे वायव्यानि च मे पूतभृच्च म आधवनीयश्च म आग्नीध्रं च मे हविर्धानं च मे गृहाश्च मे सदश्च मे पुरोडाशाश्च मे पचताश्च मेऽवभृथश्च मे स्वगाकारश्च मे ॥ ८ ॥

अग्निश्च मे घर्मश्च मेऽर्कश्च मे सूर्यश्च मे प्राणश्च मेऽश्वमेधश्च मे पृथिवी च मेऽदितिश्च मे दितिश्च मे द्यौश्च मे शक्वरीर् अङ्गुलयो दिशश्च मे यज्ञेन कल्पन्ताम् ऋक् च मे साम च मे स्तोमश्च मे यजुश्च मे दीक्षा च मे तपश्च म ऋतुश्च मे व्रतं च मेऽहोरात्रयोर्वृष्ट्या बृहद्रथन्तरे च मे यज्ञेन कल्पेताम् ॥ ९ ॥

गर्भाश्च मे वत्साश्च मे त्र्यविश्च मे त्र्यवी च मे दित्यवाट् च मे दित्यौही च मे पञ्चाविश्च मे पञ्चावी च मे त्रिवत्सश्च मे त्रिवत्सा च मे तुर्यवाट् च मे तुर्यौही च मे पष्ठवाट् च मे पष्ठौही च म उक्षा च मे वशा च म ऋषभश्च मे वेहच्च मेऽनड्वाञ्च मे धेनुश्च म आयुर् यज्ञेन कल्पतां प्राणो यज्ञेन कल्पताम् अपानो यज्ञेन कल्पतां व्यानो यज्ञेन कल्पतां चक्षुर् यज्ञेन कल्पताꣳ श्रोत्रं यज्ञेन कल्पतां मनो यज्ञेन कल्पतां वाग् यज्ञेन कल्पताम् आत्मा यज्ञेन कल्पतां यज्ञो यज्ञेन कल्पताम् ॥ १० ॥

एका च मे तिस्रश्च मे पञ्च च मे सप्त च मे नव च म एकादश च मे त्रयोदश च मे पञ्चदश च मे सप्तदश च मे नवदश च म एकविꣳशतिश्च मे त्रयोविꣳशतिश्च मे पञ्चविꣳशतिश्च मे सप्तविꣳशतिश्च मे नवविꣳशतिश्च म एकत्रिꣳशच्च मे त्रयस्त्रिꣳशच्च मे

चतस्रश्च मेऽष्टौ च मे द्वादश च मे षोडश च मे विꣳशतिश्च मे चतुर्विꣳशतिश्च मेऽष्टाविꣳशतिश्च मे द्वात्रिꣳशच्च मे षट्त्रिꣳशच्च मे चत्वारिꣳशच्च मे चतुश्चत्वारिꣳशच्च मेऽष्टाचत्वारिꣳशच्च मे

वाजश्च प्रसवश्चापिजश्च क्रतुश्च सुवश्च मूर्धा च व्यश्नियश्चाऽन्त्यायनश्चान्त्यश्च भौवनश्च भुवनश्चाधिपतिश्च ॥ ११ ॥

Shantipatha ending ॐ इडा देवहूर् मनुर्यज्ञनीर् बृहस्पतिरुक्थामदानि शꣳसिषद् विश्वे देवास् सूक्तवाचः पृथिविमातर्मा मा हिꣳसीर् मधु मनिष्ये मधु जनिष्ये मधु वक्ष्यामि मधु वदिष्यामि मधुमतीं देवेभ्यो वाचमुद्यासꣳ शुश्रूषेण्यां मनुष्येभ्यस्तं मा देवा अवन्तु शोभायै पितरोऽनुमदन्तु ॥ ॐ शान्तिः शान्तिः शान्तिः ॥

Nyase Viniyogah (at close we respectfully bid adieu to the dieties previously invoked within the body)
ॐ अग्निहोत्रात्मने हृदयाय नमः । ॐ दर्शपूर्णमासात्मने शिरसे स्वाहा । ॐ चातुर्मास्यात्मने शिखायै वषट् । ॐ निरूढपशुबन्धात्मने कवचाय हुम् । ॐ ज्योतिष्ठोमात्मने नेत्रत्रयाय वौषट् । ॐ सर्वक्रत्वात्मने अस्त्राय फट् ॥ भूर्भुवस्सुवरोम् इति दिग्विमोकः ॥ शुद्धस्फटिक-सङ्काशं शुद्धविद्या प्रदायकम् । शुद्धं पूर्णं चिदानन्दं सदाशिवमहं भजे ॥

Durga Suktam दुर्गासूक्तम्

(Taittiriya Upanishad Aranyakam 4, Prapathaka 10, Anuvaka 2)

ॐ जा॒तवे॑दसे सुनवाम॒ सोम॑ मरातीय॒तो निद॑हाति॒ वेदः॑ । स नः॑ पर्‌ष॒दति॑ दु॒र्गाणि॒ विश्वा॑
ना॒वेव॒ सिन्धुं॑ दुरि॒ताऽत्य॒ग्निः ॥ ताम् अ॒ग्निव॑र्णां॒ तप॑सा ज्वल॒न्तीं वै॑रोच॒नीं क॑र्मफ॒लेषु॒ जुष्टा᳚म्
। दु॒र्गां दे॒वीꣳ शर॑णम॒हं प्रप॑द्ये सु॒तर॑सि तरसे॒ नमः॑ ॥ अग्ने॒ त्वं पा॑रया॒ नव्यो॑ अ॒स्मान्
थ्स्व॒स्तिभि॒रति॑ दु॒र्गाणि॒ विश्वा᳚ । पूश्च॑ पृ॒थ्वी ब॑हु॒ला न॑ उ॒र्वी भवा॑ तो॒काय॒ तन॑याय॒ शंयोः ॥
विश्वा॑नि नो दु॒र्गहा॑ जातवे॒दस् सिन्धु॒न्न ना॒वा दु॑रि॒ताऽति॑पर्षि । अग्ने॑ अत्रि॒वन् मन॑सा
गृणा॒नो᳚ऽस्माकं॑ बोध्यवि॒ता त॒नूना᳚म् ॥ पृ॒त॒ना॒ जित॒ꣳ सह॑मानम् उ॒ग्रम् अ॒ग्निꣳ हु॑वेम पर॒माथ्
स॒धस्था᳚त् । स नः॑ पर्‌ष॒दति॑ दु॒र्गाणि॒ विश्वा॒ क्षाम॑द्-दे॒वो अति॑ दुरि॒ताऽत्य॒ग्निः ॥ प्र॒त्नोषि॑
क॒मीड्यो॑ अध्व॒रेषु॑ स॒नाच् च॒ होता॒ नव्य॑श्च॒ सत्सि॑ । स्वाञ्चा᳚ऽग्ने त॒नुवं॑ पि॒प्रय॑स्वा॒स्मभ्यं॑ च॒
सौभ॑ग॒माय॑जस्व ॥ गोभि॒र्जुष्ट॑म् अ॒युजो॒ निषि॑क्तं॒ तवे᳚न्द्र विष्णो॒र् अनु॒सञ्च॑रेम । नाक॑स्य
पृ॒ष्ठम॒भि सँ॒वसा॑नो॒ वैष्ण॑वीलँ॒ लोक इ॒ह मा॑दयन्ताम् ॥
ॐ का॒त्या॒य॒नाय॑ वि॒द्महे॑ कन्यकु॒मारि॑ धीमहि । तन्नो॑ दुर्गिः प्रचो॒दया᳚त् ॥

Shanti Mantra Taittiriiya BraahmaNa (3.5.11.1)
ॐ तच्छं॒ योरावृ॑णीमहे । गा॒तुं य॒ज्ञाय॑ । गा॒तुं य॒ज्ञप॑तये । दैवी᳚ स्व॒स्तिर॑स्तु नः ।
स्व॒स्तिर्मानु॑षेभ्यः । ऊ॒र्ध्वं जि॑गातु भेष॒जम् । शं नो॑ अस्तु द्वि॒पदे᳚ । शं चतु॑ष्पदे ।
ॐ शान्ति॒ः शान्ति॒ः शान्ति॑ः ॥

Purusha Suktam पुरुषसूक्तम्

(Taittiriya Upanishad Aranyakam 3rd Prashna)

ॐ सहस्रशीर्षा पुरुषः । सहस्राक्षस् सहस्रपात् । स भूमिं विश्वतो वृत्वा । अत्यतिष्ठद्
दशाङ्गुलम् । पुरुष एवेदꣳ सर्वम् । यद्भूतयँ यच्च भव्यम् । उतामृतत्वस्येशानः । यद्
अन्नेनातिरोहति । एतावानस्य महिमा । अतो ज्यायाꣳश्च पूरुषः ॥१॥ पादोऽस्य विश्वा
भूतानि । त्रिपादस्यामृतं दिवि । त्रिपादूर्ध्व उदैत्पुरुषः । पादोऽस्येहाऽऽभवात्पुनः । ततो
विष्वङ्व्यक्रामत् । साशनानशने अभि । तस्माद् विराडजायत । विराजो अधि पूरुषः । स
जातो अत्यरिच्यत । पश्चाद् भूमिम् अथो पुरः ॥२॥ यत् पुरुषेण हविषा । देवा यज्ञम्
अतन्वत । वसन्तो अस्यासीदाज्यम् । ग्रीष्म इध्मश्शरद्धविः । सप्तास्यासन्परिधयः ।
त्रिस् सप्त समिधꣳ कृताः । देवा यद् यज्ञं तन्वानाः । अबध्नन्पुरुषं पशुम् । तयँ यज्ञं बर्हिषि
प्रौक्षन् । पुरुषं जातमग्रतः ॥३॥ तेन देवा अयजन्त । साध्या ऋषयश्च ये । तस्माद्
यज्ञात् सर्वहुतः । सम्भृतं पृषदाज्यम् । पशूꣳस्ताꣳश्चक्रे वायव्यान् । आरण्यान् ग्राम्याश्च ये
। तस्माद् यज्ञात् सर्वहुतः । ऋचस् सामानि जज्ञिरे । छन्दाꣳसि जज्ञिरे तस्मात् । यजुस्
तस्माद् अजायत ॥४॥ तस्माद् अश्वा अजायन्त । ये के चोभयादतः । गावो ह जज्ञिरे
तस्मात् । तस्माज् जाता अजावयः । यत् पुरुषँ व्यदधुः । कतिधा व्यकल्पयन् । मुखं
किमस्य कौ बाहू । कावूरू पादावुच्येते । ब्राह्मणोऽस्य मुखमासीत् । बाहू राजन्यꣳ कृतः
॥५॥ ऊरू तदस्य यद् वैश्यः । पद्भ्याꣳ शूद्रो अजायत । चन्द्रमा मनसो जातः । चक्षोस्
सूर्यो अजायत । मुखादिन्द्रश्च अग्निश्च । प्राणाद् वायुर् अजायत । नाभ्या आसीद्
अन्तरिक्षम् । शीर्ष्णो द्यौस् समवर्तत । पद्भ्यां भूमिर् दिशश् श्रोत्रात् । तथा लोकाꣳ
अकल्पयन् ॥६॥ वेदाहमेतं पुरुषं महान्तम् । आदित्यवर्णं तमसस्तुपारे । सर्वाणि
रूपाणि विचित्य धीरः । नामानि कृत्वाऽभिवदन् यदास्ते । धाता पुरस्ताद् यमुदाजहार ।
शक्रꣳ प्रविद्वान् प्रदिशश्च तस्रः । तमेवं विद्वान् अमृत इह भवति । नान्यꣳ पन्था अयनाय
विद्यते । यज्ञेन यज्ञम् अयजन्त देवाः । तानि धर्माणि प्रथमान्यासन् । ते ह नाकं
महिमानस् सचन्ते। यत्र पूर्वे साध्यास् सन्ति देवाः ॥७॥

Uttara Narayanam

अद्भ्यस् सम्भूतः पृथिव्यै रसाच्च । विश्वकर्मणस् समवर्तताधि । तस्य त्वष्टा विदधद्रूपमेति । तत् पुरुषस्य विश्वम् आजानम् अग्रे । वेदाहमेतं पुरुषं महान्तम् । आदित्यवर्णं तमसः परस्तात् । तमेवं विद्वान् अमृत इह भवति । नान्यः पन्था विद्यतेऽयनाय । प्रजापतिश्चरति गर्भे अन्तः । अजायमानो बहुधा विजायते ॥८॥ तस्य धीराः परिजानन्ति योनिम् । मरीचीनां पदम् इच्छन्ति वेधसः । यो देवेभ्य आतपति । यो देवानां पुरोहितः । पूर्वो यो देवेभ्यो जातः । नमो रुचाय ब्राह्मये । रुचं ब्राह्मं जनयन्तः । देवा अग्रे तद् अब्रुवन् । यस्त्वैवं ब्राह्मणो विद्यात् । तस्य देवा असन् वशे ॥९॥ ह्रीश्च ते लक्ष्मीश्च पत्न्यौ । अहोरात्रे पार्श्वे । नक्षत्राणि रूपम् । अश्विनौ व्यात्तम् । इष्टं मनिषाण । अमुं मनिषाण । सर्वं मनिषाण ॥१०॥

ॐ शान्तिः शान्तिः शान्तिः ॥

Sri Suktam श्रीसूक्तम्

(Lakshmi Suktam) Appended to 5th Mandala of Rig Veda (खिल सूक्त)

ॐ हिरण्यवर्णां हरिणीं सुवर्ण-रजत-स्रजाम् । चन्द्रां हिरण्मयीं लक्ष्मीं जातवेदो म आवह ॥१॥ तां म आ वह जातवेदो लक्ष्मीमनपगामिनीम् । यस्यां हिरण्यं विन्देयं गामश्वं पुरुषानहम् ॥२॥ अश्वपूर्वां रथमध्यां हस्तिनाद प्रमोदिनीम् । श्रियं देवीमुपह्वये श्रीर्मा देवीर् जुषताम् ॥३॥ कां सोस्मितां हिरण्य प्राकारा माद्रीं ज्वलन्तीं तृप्तां तर्पयन्तीम् । पद्मे स्थितां पद्मवर्णां तामिहोप-ह्वये श्रियम् ॥४॥ चन्द्रां प्रभासायँ यशसा ज्वलन्तीं श्रियँ ल्लोके देवजुष्टामुदाराम् । तां पद्मिनीमीं शरणमहं प्रपद्येऽलक्ष्मीर् मे नश्यतां त्वाँ वृणे ॥५॥ आदित्यवर्णे तपसोऽधिजातो वनस्पतिस्तव वृक्षोऽथ बिल्वः । तस्य फलानि तपसा नुदन्तु मा याऽन्तरा याश्च बाह्या अलक्ष्मीः ॥६॥ उपैतु मां देवसखः कीर्तिश्च मणिना सह । प्रादुर्भूतोऽस्मि राष्ट्रेऽस्मिन् कीर्तिं मृद्धिं ददातु मे ॥७॥ क्षुत्पिपासामलां ज्येष्ठाम् अलक्ष्मीं नाशयाम्यहम् । अभूतिम् असमृद्धिञ्च सर्वां निर्णुद मे गृहात् ॥८॥ गन्धद्वारां दुराधर्षां नित्यपुष्टां करीषिणीम् । ईश्वरीं सर्वभूतानां तामिहोपह्वये श्रियम् ॥९॥ मनसः काममाकूतिं वाचस् सत्यमशीमहि । पशूनां रूपमन्नस्य मयि श्रीश् श्रयतायँ यशः ॥१०॥ कर्दमेन प्रजा भूता मयि सम्भव कर्दम । श्रियँ वासय मे कुले मातरं पद्म-मालिनीम् ॥११॥ आपस् सृजन्तु स्निग्धानि चिक्लीत वस मे गृहे । नि च देवीं मातरं श्रियँ वासय मे कुले ॥१२॥ आर्द्रां पुष्करिणीं पुष्टिं सुवर्णां हेम-मालिनीम् । सूर्यां हिरण्मयीलँ लक्ष्मीं जातवेदो म आवह ॥१३॥ आर्द्रायँ यः करिणीयँ यष्टिं पिङ्गलां पद्म-मालिनीम् । चन्द्रां हिरण्यमयीँल् लक्ष्मीं जातवेदो म आवह ॥१४॥ तां म आवह जातवेदो लक्ष्मी-मनपगामिनीम् । यस्यां हिरण्यं प्रभूतं गावो दास्योऽश्वान् विन्देयं पुरुषानहम् ॥१५॥ यश् शुचिः प्रयतो भूत्वा जुहुयादाज्यमन्वहम् । सूक्तं पञ्चदशर्चञ्च श्रीकामस् सततं जपेत् ॥१६॥ पद्मानने पद्म ऊरु पद्माक्षी पद्मसम्भवे । तन्मे भजसि पद्माक्षी येन सौख्यँ लभाम्यहम् ॥१७॥ अश्वदायी गोदायी धनदायी महाधने । धनं मे जुषतां देवीं सर्वकामांश्च देहि मे ॥१८॥ पद्मानने पद्म विपद्म पत्रे पद्मप्रिये पद्म दलायताक्षि । विश्वप्रिये विष्णुमनोऽनुकूले त्वत्पाद पद्मं मयि सन्नि धत्स्व ॥१९॥ पुत्रपौत्र धनं धान्यं हस्त्यश्वादिगवे रथम् । प्रजानां भवसि माता आयुष्मन्तं करोतु माम् ॥२०॥ धनमग्निर्धनँ वायुर्धनं सूर्यो धनँ वसुः । धनमिन्द्रो बृहस्पतिर् वरुणं

धनमस्तुते ॥२१॥ वैनतेय सोमं पिब सोमं पिबतु वृत्रहा । सोमं धनस्य सोमिनो मह्यं
ददातु सोमिनः ॥२२॥ न क्रोधो न च मात्सर्यन् न लोभो नाशुभा मतिः । भवन्ति
कृतपुण्यानां भक्तानां श्रीसूक्तञ्जपेत् ॥२३॥ सरसिजनिलये सरोजहस्ते धवलतरां
शुकगन्धमाल्यशोभे । भगवति हरिवल्लभे मनोज्ञे त्रिभुवनभूतिकरि प्रसीद मह्यम् ॥२४॥
विष्णुपत्नीं क्षमां देवीं माधवीं माधवप्रियाम् । लक्ष्मीं प्रियसखीं देवीं नमाम्यच्युतवल्लभाम्
॥२५॥ महालक्ष्म्यै च विद्महे विष्णु-पत्न्यै च धीमहि । तन्नो लक्ष्मीᳶ प्रचोदयात् ॥२६॥
आनन्दᳵ कर्दमश् श्रीद् श्चिक्लीत इति विश्रुताः । ऋषयश् श्रियᳶ पुत्राश्च श्रीर्देवीर् देवता
मताः ॥२७॥ ऋणरोगादिदारिद्र्य पापक्षुदपमृत्यवः । भयशोक-मनस् तापा नश्यन्तु मम
सर्वदा ॥२८॥ श्रीर् वर्चस्वम् आयुष्यम् आरोग्यम् आविधाच्छोभमानं महीयते । धान्यं
धनं पशुं बहुपुत्रलाभं शतसँवत्सरं दीर्घम् आयुः ॥२९॥
सर्वमङ्गलमाङ्गल्ये शिवे सर्वार्थ साधिके । शरण्ये त्र्यम्बके गौरी नारायणि नमोऽस्तु ते ।
ॐ महालक्ष्मी च विद्महे विष्णुपत्नी च धीमहि । तन्नो लक्ष्मीᳶ प्रचोदयात् ॥

Samana Suktam

ॐ संसमिद्युवसे वृषन्नग्ने विश्वान्यर्य आ । इळस्पदे समिध्यसे स नो वसून्या भर ॥ १ ॥
सङ्गच्छध्वं सं वदध्वं सं वो मनांसि जानताम् । देवा भागँ यथा पूर्वे सञ्जानाना उपासते ॥ २
॥ समानो मन्त्रस् समितिस् समानि समानं मनस् सह चित्तम् एषाम् । समानं मन्त्रम् अभि
मन्त्रये वस् समानेन वो हविषा जुहोमि ॥ ३ ॥ समानी व आकूतिस् समाना हृदयानि वः ।
समानम् अस्तु वो मनो यथा वस् सुसहासति ॥ ४ ॥

Shanti Patha

ॐ नमो ब्रह्मणे नमो अस्त्वग्नये नमः पृथिव्यै नम ओषधीभ्यः ।
नमो वाचे नमो वाचस्पतये नमो विष्णवे बृहते करोमि ॥
ॐ शान्तिः शान्तिः शान्तिः ॥

Sangat Chatwam Essence

सम् गच्छ त्वम् by anusvara sandhi म् -> ङ् । By consonant sandhi त् -> ध्

The hymn सङ्गच्छध्वं is quite famous and means – Me and You, let us move together in belongingness. Let us work in harmony.

This hymn is the corner stone of human society, from the smallest element viz. a family, to the neighbourhood, to the city, the state, the country and the continent.

Pardon Shlokas

ॐ आभिर् गीर्भिर् यदतो न ऊनमाप्यायय हरिवो वर्धमानः । यदा स्तोतृभ्यो महि गोत्रा रुजासि भूयिष्ठभाजो अध ते स्याम । ब्रह्म प्रावादिष्म तन्नो मा हासीत् ॥
ॐ शान्तिः शान्तिः शान्तिः ॥ ॥ हरिः ॐ ॥

chanting ends here. Bhajan Starts.

The peoples of Bharata have this humility of asking for pardon in case of a mistake in chanting! It connects one closer to the Lord.

श्रेष्ठाय नमः । स्नानं समर्पयामि । सन्नानन्तरं आचमनीयं समर्पयामि ।

वस्त्रम् Vastram (offer red cloth)

ॐ स्वमायया प्रगुप्तात्मा मायानाश्रयमोहिनी । यस्यायं पुरुषः पूर्णः परमात्मा परं पदम् ॥

वस्त्रं समर्पयामि ॥

यज्ञोपवीतम् Yagyopavitam (offer sacred thread)

ब्रह्म नामक सूत्रं तु ब्रह्मसूत्रं प्रकीर्तितम् । ब्रह्मैव ब्रह्मसूत्रं तदस्मिन् प्रोतं चराचरम् ॥

यज्ञोपवीतम् समर्पयामि ॥

बिल्वपत्रं Bilva patram

ॐ नमो बिल्मिने च कवचिने च नमः श्रुताय च श्रुतसेनाय च ॥ बिल्वपत्रं समर्पयामि ॥

गन्धम् Gandham (offer sandal paste)

गन्धं-द्वारां दुराधर्षां नित्यपुष्टां करीषिणीम् । ईश्वरीं सर्वभूतानां तामिहोपह्वये श्रियम् ॥

सर्वशास्त्रार्थनिपुण गन्धान् धारय सादरम् । गन्धं समर्पयामि ॥ गन्धस्य उपरि हरिद्रा कुङ्कुमं समर्पयामि ॥

भस्मोद् धूलनम् Bhasma (offer Bhasma dust)

ॐ मा नस्तोके तनये मान आयुषि मा नो गोषु मा नो अश्वेषु रीरिषः । वीरान् मानो रुद्र भामितो वधीर् हविष्मन्तो नमसा विधेम ते ॥ भस्मोद् धूलितसर्वाङ्ग भस्म दिव्यं ददमि ते ।

भस्मोद् धूलनं समर्पयामि ॥

अक्षताः Akshata (offer unbroken rice grains)

आयनेते परायणे दूर्वा रोहन्तु पुष्पिणीः । ह्रदाश्च पुण्डरीकाणि समुद्रस्य गृहा इमे ॥

गन्धस्योऽपरि अलङ्कारणार्थे अक्षतान् समर्पयामि ॥

अलङ्कारः Alankara (adornment)

नानश्चर्यमयं देवं नानाश्चर्यविनिर्गतम् । निगमागम् अगोप्तारं गोपतिं श्रीपतिं भजे ।

अलङ्कारं समर्पयामि ॥

रुद्राक्षमालिका Rudraksha Malika (offer Rudraksh Garland)

रुद्रक्षमालिकां समर्पयामि ।

पुष्पम् Pushpam (offer flowers)

यस्मिन् भाति जगत् सर्वं भासा यस्य प्रवर्तते । तस्मै सर्वगुणाभासमूर्तये ब्रह्मणे नमः ॥

पष्पैः पूजयामि । ॐ भवाय देवाय नमः । ॐ शर्वाय देवाय नमः । ॐ ईशानाय देवाय नमः । ॐ पशुपतये देवाय नमः । ॐ रुद्राय देवाय नमः । ॐ उग्राय देवाय नमः । ॐ भीमाय देवाय नमः । ॐ महते देवाय नमः ।

ॐ भवस्य देवस्य पत्नयै नमः । ॐ शर्वस्य देवस्य पत्नयै नमः । ॐ ईशानस्य देवस्य पत्नयै नमः । ॐ पशुपतेर् देवस्य पत्नयै नमः । ॐ रुद्रस्य देवस्य पत्नयै नमः । ॐ उग्रस्य देवस्य पत्नयै नमः । ॐ भीमस्य देवस्य पत्नयै नमः । ॐ महतो देवस्य पत्नयै नमः ।

पुष्पमालिका Pushp Mala (offer Flower garland)

ॐ तस्मादश्वा अजायन्त । ये के चोभयादतः । गावो ह जज्ञिरे तस्मात् । तस्माज् जाता अजावयः ॥ पुष्पमालिका समर्पयामि ।

पत्र-पूजा Patra Puja (offer Leaves)

ॐ शिवरूपाय नमः । बिल्वपत्रं समर्पयामि ॥

ॐ शक्तिरूपाय नमः । कदम्बपत्रं समर्पयामि ॥

ॐ लक्ष्मीरूपाय नमः । तामरसपत्रं समर्पयामि ॥

ॐ ब्रह्मरूपाय नमः । दाडिमीपत्रं समर्पयामि ॥

ॐ सरस्वतीरूपाय नमः । मल्लिकापत्रं समर्पयामि ॥

ॐ गणपतिरूपाय नमः । दूर्वापत्रं समर्पयामि ॥

ॐ षण्मुखरूपाय नमः । अशोकपत्रं समर्पयामि ॥

ॐ श्रीचक्ररूपाय नमः । दूर्वापत्रं समर्पयामि ॥

ॐ श्रीदक्षिणामूर्तिरूपाय नमः । नानाविध पत्राणि समर्पयामि ॥

धूपम् Dhoopam

ॐ धूर॑सि॒ धूर्व॒ धूर्व॑न्तं॒ धूर्व॒तं योऽ॑स्मान् धूर्व॑ति॒तं धूर्व॒यं व॒यं धूर्वा॑म॒स्त्वं दे॒वाना॑मसि॒ । सस्नि॑तम॒ं पप्रि॑तम॒ं जुष्ट॑तम॒ं वह्नि॑तमं दे॒वहू॒त॑म॒मह्रु॑तमसि हवि॒र्धान॒ं दृꣳह॑स्व॒ माह्वा॑र्मि॒त्रस्य॑ त्वा॒ चक्षु॑षा॒ प्रेक्षे॒ माभेर्मा संवि॑क्था॒ मा त्वा॑ हिꣳसिषम् ॥ धूपम् आघ्रापयामि ॥

दीपम् Deepam

ॐ उद् दी॑प्यस्व जातवेदोऽप॒घ्नन्निर्ऋ॑तिं॒ मम॑ । प॒शूꣳश्च॒ मह्य॒मावह॒ जीव॑नं च॒ दिशो॑ दिश । मा॑नो हिꣳसीज् जातवेदो॒ गामश्व॒ं पुरु॑ष॒ं जगत् । अबि॑भ्र॒दग्न॒ आग॑हि श्रि॒या मा॒ परि॑पातय ॥ दीपं दर्शयामि ॥ धूपदीपाऽनन्तरं आचमनीयं समर्पयामि ॥

फलम् Phalam (offer 5 types of fruits)

कर्ता कर्म च कार्यं च चतुर्थं कर्मणः फलम् । ब्रह्मैव भासते सर्वं मन्त्रश्वरप्रसादतः ॥

फलं निवेदयामि ॥

नैवेद्यम् Naived

[नैवेद्यपदार्थान् गायत्र्या प्रोक्ष्य mentally do gayatri japa sprinkling a spoon of water on the naived

ॐ भूर्भुवस्सुवः तत् सवितुर् वरेण्यं भर्गो देवस्य धीमहि धियो यो नः प्रचोदयात् ॥]

सत्यं त्वर्तेन परिषिञ्चामि । कामधेनुं स्मरामि । [धेनुमुद्रां प्रदर्श्य] । अमृतमस्तु । अमृतोपस्तरणमसि ॥ ॐ प्राणाय स्वाहा । ॐ अपानाय स्वाहा । ॐ व्यानाय स्वाहा । ॐ उदानाय स्वाहा । ॐ समानाय स्वाहा । ॐ ब्रह्मणे नमः । ॐ चन्द्रमा मनसो जातः । चक्षोस् सूर्यो अजायत । मुखादिन्द्रश्चाग्निश्च । प्राणाद् वायुर् अजायत । नैवेद्यं निवेदयामि ॥ मध्ये मध्ये अमृतपानीयं समर्पयामि । अमृतापिधानमसि ॥ हस्तप्रक्षालनं समर्पयामि । पादप्रक्षालनं समर्पयामि । पुनर् आचमनीयं समर्पयामि । भूर्भुवस्सुवः ।

ताम्बूलम् Tamboolam

ॐ नाभ्या आसीदन्तरिक्षम् । शीर्ष्णो द्यौस् समवर्तत । पद्भ्यां भूमिर् दिशः श्रोत्रात् । तथा लोकाꣳ अकल्पयन् ॥ ताम्बूलं समर्पयामि ॥

Aarti

Pancamukha Deepam Aarati

ॐ आ रात्रि पार्थिवꣳ रजः पितुरप्रायि धामभिः । दिवः सदाꣳसि बृहती वि तिष्ठस आ त्वेषं वर्तते तमः ॥ ॐ इदꣳ हविः प्रजननं मे अस्तु दशवीरꣳ सर्वगणꣳ स्वस्तये । आत्मसनि प्रजासनि पशुसनि लोकसन्यभयसनि । अग्निः प्रजां बहुलां मे करोत वन्नं पयो रेतो अस्मासु धत्त ॥ ॐ अग्निर् देवता वातो देवता सूर्यो देवता चन्द्रमा देवता वसवो देवता रुद्रो देवता आदित्या देवता मरुतो देवता विश्वे देवा देवता बृहस्पतिर् देवता इन्द्रो देवता वरुणो देवता ॥

Ekamukha Deepam Aarati

कदलीगर्भसम्भूतं कर्पूरं तु प्रदीपितम् । आरार्तिकम् अहं कुर्वे पश्य मे वरदो भव ॥

कर्पूरगौरं करुणाऽऽवतारं संसारसारं भुजगेन्द्रहारम् । सदा वसन्तं हृदया रविन्दे भवं भवानी सहितं नमामि ॥

दक्षिणा Dakshina

अदृश्यं दृश्यते दृश्यं तद् दृश्यं दृश्यते न हि । दृश्यादृश्यविदृश्यत्वाद् रूपं ते मङ्गलं परम्

॥ दक्षिणां समर्पयामि ॥

नीराजनम् Nirajanam (Lighting camphor)

सोमो वा एतस्य राज्यमादत्ते । यो राजा सन्राज्यो वा सोमेन यजते । देवसुवामेतानि हवीꣳषि भवन्ति । एतावन्तो वै देवानाꣳ सवाः । त एवास्मै सवान् प्रयच्छन्ति । त एनं पुनꣳस् सुवन्ते राज्याय । देवसू राजा भवति ॥ न तत्र सूर्यो भाति न चन्द्रतारकं । नेमा विद्युतो भान्ति कुतोऽयम् अग्निः । तमेव भान्तम् अनुभाति सर्वं तस्य भासा सर्वम् इदं विभाति ॥ नीराजनं सन्दर्शयामि ॥ नीराजनानन्तरम् आचमनीयम् समर्पयामि । दिव्यरक्षान् धारयामि ॥

मन्त्र-पुष्पम् Mantra Pushpam

ॐ योऽपां पुष्पं वेद । पुष्पवान् प्रजावाꣳन् पशुमान् भवति । चन्द्रमा वा अपां पुष्पꣳम् । पुष्पवान् प्रजावाꣳन् पशुमान् भवति । य एवं वेद । योऽपामायतनं वेद । आयतनवान् भवति ॥

प्रदक्षिणा-नमस्काराः Pradakshina

स्वर्भू पाताल लोकेषु यः पर्यटति नित्यशः । प्रदक्षिणं करोमीह सद्गुरुं पादचारतः ।

नन्दी-पूजा Nandi Puja

ॐ भूर्भुवस् सुवरोम् । अस्मिन् बिम्बे नन्दिकेश्वरं ध्यायामि । आह्वयामि । नन्दीश्वराय नमः । गन्ध-पुष्प-धूप-दीप-सकलाधनैः सु-अर्चितम् । ॐ श्रीनन्दीकेश्वर-स्वामिने नमः । मङ्गल-कर्पूर-नीराजनं सन्दर्शयामि । नीराजनानन्तरम् आचमनीयं समर्पयामि । दिव्यरक्षान् धारयामि ॥ बाण-रावण-चण्डेश-नन्दी-भृङ्गि-रिटादयः । महादेव-प्रसादोऽयं सर्वे गृह्णन्तु शाम्भवाः ॥ तत् पुरुषाय विद्महे चक्रतुण्डाय धीमहि । तन्नो नन्दीः प्रचोदयाꣳत् ॥

Svasti Vachaka Sloka स्वस्ति वाचक श्लोकः

ॐ स्वस्तिः प्रजाभ्यः परिपालयन्ताम् । न्यायेन मार्गेण महीं महीशाः ।

गो ब्राह्मणेभ्यः शुभमस्तु नित्यम् । लोकाः समस्ताः सुखिनो भवन्तु ॥

आशीर्-वचनम् Aashir Vacanam (Aashirvadah)

सर्वे भवन्तु सुखिनः । सर्वे सन्तु निरामयाः ।

सर्वे भद्राणि पश्यन्तु । मा कश्चिद् दुःखभाग् भवेत् ॥

असतो मा सद् गमय । तमसो मा ज्योतिर् गमय । मृत्योर् मा अमृतं गमय ॥

ॐ पूर्णमदः पूर्णमिदं पूर्णात् पूर्णमुदच्यते ।
पूर्णस्य पूर्णमादाय पूर्णमेवावशिष्यते ॥

ॐ शान्तिः शान्तिः शान्तिः ॥

क्षमा प्रार्थना (Forgiveness for errors in chanting)
ॐ यद् अक्षरं पदं भ्रष्टं मात्राहीनं तु यद् भवेत् । तत् सर्वं क्षम्यतां देव प्रसीद परमेश्वर ।
विसर्गबिन्दुमात्राणि पदपादाक्षराणि च । न्यूनानि चातिरिक्तानि क्षमस्व परमेश्वर । अन्यथा शरणं नास्ति त्वेमव शरणं मम । तस्मात् कारुण्य भावेन रक्ष रक्ष परमेश्वर ॥
ॐ नमः पार्वतीपतये हर हर महादेव ॥ (customary to raise both arms and drop them from namaskar mudra)

॥ इति रुद्र-पूजा समाप्ता ॥ end of the Rudra Puja.

Om Jai Jagadish Hare ॐ जय जगदीश हरे

ॐ जय जगदीश हरे स्वामी जय जगदीश हरे ।

भक्त जनों के संकट । दास जनों के संकट क्षण मे दूर करे ॥ ॐ जय जगदीश..

जो ध्यावे फल पावे दुःख बिनसे मन का । स्वामी दुःख बिनसे मन का । सुख सम्पति घर आवे कष्ट मिटे तन का ॥ ॐ जय जगदीश ...

मात पिता तुम मेरे शरण गहूँ मैं किसकी । स्वामी शरण पडूँ मैं किसकी । तुम बिन और न दूजा आस करूँ मैं जिसकी ॥ ॐ जय जगदीश .....

तुम पूरण परमात्मा तुम अन्तर्यामी । स्वामी तुम अन्तरयामी । पार ब्रह्म परमेश्वर तुम सबके स्वामी ॥ ॐ जय जगदीश .....

तुम करुणा के सागर तुम पालन कर्ता । स्वामी तुम रक्षा कर्ता । मैं सेवक तुम स्वामी कृपा करो भर्ता ॥ ॐ जय जगदीश ...

तुम हो एक अगोचर सब के प्राणपति । स्वामी सब के प्राणपति । किस विध मिलूँ दयालु किस विध मिलूँ कृपालु तुम को मैं कुमति ॥ ॐ जय जगदीश...

दीनबन्धु दुःखहर्ता ठाकुर तुम मेरे । स्वामी रक्षक तुम मेरे । अपने हाथ बढाओ अपने शरणि लगाओ द्वार खडा मैं तेरे ॥ ॐ जय जगदीश...

विषय विकार मिटाओ पाप हरो देवा । स्वामी कष्ट हरो देवा । श्रद्धा भक्ति बढाओ सन्तन की सेवा ॥ ॐ जय जगदीश...

तन मन धन सब कुछ है तेरा । स्वामी सब कुछ है तेरा । तेरा तुझ को अर्पण क्या लागे मेरा ॥ ॐ जय जगदीश..

Linga Ashtakam लिङ्गाष्टकम्

ब्रह्म मुरारि सुरार्चित लिङ्गम् । निर्मलभासित शोभित लिङ्गम् ।

जन्मज दुःख विनाशक लिङ्गम् । तत् प्रणमामि सदाशिव लिङ्गम् ॥ १

देवमुनि प्रवरार्चित लिङ्गम् । कामदहन करुणाकर लिङ्गम् ।

रावण दर्प विनाशन लिङ्गम् । तत् प्रणमामि सदाशिव लिङ्गम् ॥ २

सर्व सुगन्ध सुलेपित लिङ्गम् । बुद्धि विवर्धन कारण लिङ्गम् ।

सिद्ध सुरासर वन्दित लिङ्गम् । तत् प्रणमामि सदाशिव लिङ्गम् ॥ ३

कनक महामणि भूषित लिङ्गम् । फणिपति वेष्टित शोभित लिङ्गम् ।

दक्ष सुयज्ञ विनाशन लिङ्गम् । तत् प्रणमामि सदाशिव लिङ्गम् ॥ ४

कुङ्कुम चन्दन लेपित लिङ्गम् । पङ्कज हार सुशोभित लिङ्गम् ।

सञ्चित पाप विनाशन लिङ्गम् । तत् प्रणमामि सदाशिव लिङ्गम् ॥ ५

देवगणार्चित सेवित लिङ्गम् । भावैर् भक्तिभिरेव च लिङ्गम् ।

दिनकर कोटि प्रभाकर लिङ्गम् । तत् प्रणमामि सदाशिव लिङ्गम् ॥ ६

अष्टदलोपरिवेष्टित लिङ्गम् । सर्वसमुद्भव कारण लिङ्गम् ।

अष्टदरिद्र विनाशन लिङ्गम् । तत् प्रणमामि सदाशिव लिङ्गम् ॥ ७

सुरगुरु सुरवर पूजित लिङ्गम् । सुरवन पुष्प सदार्चित लिङ्गम् ।

परात्परं परमात्मक लिङ्गम् । तत् प्रणमामि सदाशिव लिङ्गम् ॥ ८

लिङ्गाष्टकम् इदं पुण्यं यः पठेः शिव सन्निधौ । शिवलोकमवाप्नोति शिवेन सह मोदते ॥

Simple translation of Linga Ashtakam

To that lingam which
Is eulogised by Lord Brahma & Lord Krishna
Is praised by sacred commentary
Eradicates the turbulence and miseries of life
I humbly offer obesience (1)
To that lingam which
Is eulogised by Devas & Sages
Pacifies desires & bestows Compassion
Humbles the pride of the mighty
I humbly offer obesience (2)
To that lingam which
Is well smeared with all that smells good
Is the cause of Elevating the Intellect
Is eulogised by Siddhas & Gentle beings & Cruel ones too
I humbly offer obesience (3)
To that lingam which
Is adorned with radiant gems
Is fanned by the coils of the Lord of the Serpents
Ends the vain ceremony of the undevoted
I humbly offer obesience (4)
To that lingam which
Is smeared with red turmeric and sandalpaste
Is adorned with a lotus garland
Clears the karmic impressions
I humbly offer obesience (5)
To that lingam which
Is eulogised and served by a multitude of devas
Full of emotion and devotion
Whose splendour equals a million Suns
I humbly offer obesience (6)
To that lingam which
Stands on the eight-petalled lotus
Is the cause of the entire Creation
Vanquishes the eight-fold suffering

I humbly offer obesience (7)
To that lingam which
Is worshipped by the gods and their preceptor
Is adorned by flowers from the heavenly forests
Is the Transendental Being, the Supreme Self
I humbly offer obesience (8)

Bhajan

बोलो बोलो सब मिल बोलो ॐ नमः शिवाय

ॐ नमः शिवाय , ॐ नमः शिवाय , ॐ नमः शिवाय , ॐ नमः शिवाय

बोलो बोलो सब मिल बोलो ॐ नमः शिवाय

ॐ नमः शिवाय , ॐ नमः शिवाय , ॐ नमः शिवाय , ॐ नमः शिवाय

जूटजटा में गंगाधारी , त्रिशूलधारी डमरु बजावे

डम डम डम डम डमरु बजावे , डम डम डम डम डमरु बजावे

गूंज उठा ॐ नमः शिवाय , प्रेम से बोलो नमः शिवाय

ॐ नमः शिवाय , ॐ नमः शिवाय , ॐ नमः शिवाय , ॐ नमः शिवाय

हर ॐ नमः शिवाय , हर ॐ नमः शिवाय , हर ॐ नमः शिवाय

बोलो बोलो सब मिल बोलो ॐ नमः शिवाय

ॐ नमः शिवाय , ॐ नमः शिवाय , ॐ नमः शिवाय , ॐ नमः शिवाय

By Vikram Hazra
https://www.youtube.com/watch?v=tWoI4KgDzS8

https://www.youtube.com/watch?v=1iwiy0T9Wjk

Nissar yeh sansar mein shiv naam keval saar hai x 2

Shiv shakti hai shiv bhakti hai shiv mukti ka aadhar hai
Damru paani shool dhari hey nataraja namo namo
Damru paani shool dhari hey nataraja namo namo namo namo

Har har bhole shankara nataraja shubh kara
shashi shekara ratri pur har om
Ooom Har har bhole shankara nataraja shubh kara
shashi shekara ratri pur har om

Ooom har om shiv om har har har har ooom x 2
Namas shivaya namas shivaya namas shivaya om namas shivaya
Namas shivaya namas shivaya namas shivaya om namas shivaya
Chandrasekhara namas shivaya nandivahana namas shivaya
Chandrasekhara namas shivaya nandivahana namas shivaya

Girija manohara shashi shekara ratri pur har om
Ooom Har har bhole shankara nataraja shubh kara
shashi shekara ratri pur har om
namas shivaya om namas shivaya x 4
om namas shivaya om namas shivaya x 4

Ooom har om shiv om har har har har om
Ooom har om shiv om har har har har om
om namas shivaya om namas shivaya x 4
om namas shivaya om namas shivaya x 4
Girija manohara shashi shekara ratri pur har om
Ooom Har har bhole shankara nataraja shubh kara
shashi shekara ratri pur har om
Har har bhole shankara nataraja shubh kara
shashi shekara ratri pur har om x 3

Appendices

Vedic Accents स्वरः

Anudata, Udata, Svarita, Dirgha Svarita

Accents are marks on the vowels that change the pitch. Accents are used to highlight that a particular vowel is to be pronounced in a different pitch. Vary the frequency, vary the tone so that the chanting is noticed by the listener appropriately. These are given in the text by various marks under or on the vowel.

A syllable may be pronounced

- from the belly - Anudata, by dropping the neck slightly
- from the heart – Udata, by keeping a straight face
- from the forehead – Svarita, by raising the neck slightly
- elongating the time of enunciation - dirgha svarita

Anudata - underline for a vowel – This signifies that the pitch is to be lowered, i.e. the sound should come from the belly.
अन् + उदात्तः → अनुदात्तः = ◌॒

Udata – The normal chant, keeping a straight face. There is no marking for उदात्तः । When anudata is followed by udata, or vice versa, then a change in pitch will be noticeable.

Svarita – Raise in pitch by lifting the head slightly.
स्वरितः = ◌॑ a vertical bar on the vowel

Dirgha Svarita – raising the pitch for a longer duration
दीर्घ स्वरितः = ◌᳚ two vertical bars on the vowel - During chanting, it is noticeable by pronouncing the vowel, giving a short gap, then again pronouncing the vowel

The Devanagari Alphabet

अ आ इ ई उ ऊ ऋ ॠ ऌ ॡ   ए ऐ ओ औ   अं अः

क	ख	ग	घ	ङ	The Shiva Sounds
च	छ	ज	झ	ञ	
ट	ठ	ड	ढ	ण	The Brahma Sounds
त	थ	द	ध	न	
प	फ	ब	भ	म	The Vishnu Sounds
य र ल व			श ष स	ह	

Pronunciation of Sanskrit Letters

अ s**o**n	आ f**a**ther	इ **i**t	ई b**ea**t	उ f**u**ll	ऊ p**oo**l
ऋ **r**hythm	ॠ ma**ri**ne	ऌ reve**lr**y	ॡ		
ए pl**a**y	ऐ **ai**sle	ओ g**o**	औ l**ou**d		

अं Anusvara is pronounced as nasal म्

अः Visarga is Breath release like ह् and preceding vowel sound

ऽ Avagraha is a silent letter and used for अ to be silent

क see**K**	ख **Kh**an	ग **G**et	घ lo**GH**ut	ङ si**ng**
च **Ch**unk	छ ca**tchh**im	ज **J**ump	झ he**DGE**hog	ञ bu**nch**
ट **T**rue	ठ an**TH**ill	ड **D**rum	ढ go**DH**ead	ण u**n**der
त **T**amil	थ **Th**under	द **Th**at	ध brea**THE**	न **n**ut
प **P**ut	फ **F**ruit	ब **B**in	भ a**bh**or	म **m**uch
य l**oY**al	र **R**ed	ल **L**uck	व **V**ase	
श **S**ure	ष **Sh**un	स **S**o	Hum ह	

Conjunct – first utter the top letter and then the bottom one

e.g. Sri Suktam तृप्तां -> प् ता , पद्म-मालिनीम् -> द् म

Famous conjuncts क्ष = क् ष , ज्ञ = ज् ञ , श्र = श् र

Shiksha Vedanga – Science of Pronunciation

In the Veda, an entire treatise is presented on the proper intonation, enunciation and phonetics. e.g. Taittiriya Upanishad Shiksha Valli शीक्षां व्याख्यास्यामः । वर्णः स्वरः । मात्रा बलम् । साम सन्तानः । इत्युक्तः शीक्षाध्यायः ॥ १.२ (Chapter 1 Anuvaka 2)

Place & Effort of Enunciation

Place of speech	Vowels स्वर		Row Consonantsव्यञ्जन Alpaprana Mahaprana					Semi vowel	Sibilant
	Short	Long	1st	2nd	3rd	4th	5th		
कण्ठ	अ	आ	क	ख	ग	घ	ङ		
तालु	इ	ई	च	छ	ज	झ	ञ	य	श
मूर्धा	ऋ	ॠ	ट	ठ	ड	ढ	ण	र	ष
दन्त	ऌ		त	थ	द	ध	न	ल	स
ओष्ठ	उ	ऊ	प	फ	ब	भ	म		
Consonants are supplied with vowel अ to aid enunciation									

कण्ठ – तालु	ए ऐ	Diphthongs have twin places of utterance, being compound vowels
कण्ठ – ओष्ठ	ओ औ	
दन्त – ओष्ठ	व	The vakara is different from the other semivowels as it has twin places of utterance
नासिक्य	ं , अं	Anusvara is a pure Nasal
अनुनासिका	ँ , ॐ , यँ्	Candrabindu means Nasalization

कण्ठ Soft, Mahaprana	ह	Hakara is an Aspirate. It is sounded like a soft release of breath
	◌ः	Visarga is an Aspirate. It is sounded like हalong with its preceding vowel
Ardha Visarga ◌ः is also written as ◌ᳲ		
Base of tongue Hard, Alpaprana	◌ः or ◌ᳲ	Jihvamuliya pronounce as ह् (a visarga preceding क , ख)
ओष्ठ Hard, Alpaprana	◌ः or ◌ᳲ	Upadhmaniya pronounce as फ् (a visarga preceding प , फ)

ꣳ An ayogavaha character. Pronounce as गुम्

ꣴ Pronounce as ग्ग्

कण्ठ्य Guttural or Velar	तालव्य Palatal	मूर्धन्य Cerebral or Retroflex or Lingual	दन्त्य Dental	ओष्ठ्य Labial

Note – The 5th of row class consonants, ie ङ ञ ण न म are pronounced from their respective places as given and also from the Nose, hence called Anunasika.

शिव-उपासन मन्त्राः

ॐ निधनपतये नमः । निधनपतान्तिकाय नमः । ॐ ऊर्ध्वाय नमः । ऊर्ध्वलिङ्गाय नमः । ॐ सुवर्णाय नमः । सुवर्णलिङ्गाय नमः । ॐ दिव्याय नमः । दिव्यलिङ्गाय नमः । ॐ भवाय नमः । भवलिङ्गाय नमः । ॐ शर्वाय नमः । शर्वलिङ्गाय नमः । ॐ शिवाय नमः । शिवलिङ्गाय नमः । ॐ ज्वलाय नमः । ज्वललिङ्गाय नमः । ॐ आत्माय नमः । आत्मलिङ्गाय नमः । ॐ परमाय नमः । परमलिङ्गाय नमः । एतत् सोमस्य सूर्यस्य सर्वलिङ्गꣳ स्थापयति पाणिमन्त्रं पवित्रम् ॥

108 Names of Lord Shiva **श्री शिव-अष्टोत्तरशत नामावलिः**

। ॐ शिवाय नमः । ॐ महेश्वराय नमः । ॐ शम्भवे नमः । ॐ पिनाकिने नमः । ॐ शशिशेखराय नमः । ॐ वामदेवाय नमः । ॐ विरूपाक्षाय नमः । ॐ कपर्दिने नमः । ॐ नीललोहिताय नमः । ॐ शङ्कराय नमः । ॐ शूलपाणने नमः । ॐ खट्वाङ्गिने नमः । ॐ विष्णुवल्लभाय नमः । ॐ शिपिविष्टाय नमः । ॐ अम्बिकानाथाय नमः । ॐ श्रीकण्ठाय नमः । ॐ भक्तवत्सलाय नमः । ॐ भवाय नमः । ॐ शर्वाय नमः । ॐ त्रिलोकेशाय नमः । ॐ शितिकण्ठाय नमः । ॐ शिवप्रियाय नमः । ॐ उग्राय नमः । ॐ कपालिने नमः । ॐ कामारये नमः । ॐ अन्धकासुरसूदनाय नमः । ॐ गङ्गाधराय नमः । ॐ ललाटाक्षाय नमः । ॐ कालकालाय नमः । ॐ कृपानिधये नमः । ॐ भीमाय नमः । ॐ परशुहस्ताय नमः । ॐ मृगपाणये नमः । ॐ जटाधराय नमः । ॐ कैलासवासिने नमः । ॐ कवचिने नमः । ॐ कठोराय नमः । ॐ त्रिपुरान्तकाय नमः । ॐ वृषाङ्काय नमः । ॐ वृषभारूढाय नमः । ॐ भस्मोद्धूलितविग्रहाय नमः । ॐ सामप्रियाय नमः । ॐ स्वरमयाय नमः । ॐ त्रयीमूर्तये नमः । ॐ अनीश्वराय नमः । ॐ सर्वज्ञाय नमः । ॐ परमात्मने नमः । ॐ सोमसूर्याग्निलोचनाय नमः । ॐ हविषे नमः । ॐ यज्ञमयाय नमः । ॐ सोमाय नमः । ॐ पञ्चवक्त्राय नमः । ॐ सदाशिवाय नमः । ॐ विश्वेश्वराय नमः । ॐ वीरभद्राय नमः । ॐ गणनाथाय नमः । ॐ प्रजापतये नमः । ॐ हिरण्यरेतसे नमः । ॐ दुर्धर्षाय नमः । ॐ गिरीशाय नमः । ॐ गिरिशाय नमः । ॐ अनघाय नमः । ॐ भुजङ्गभूषणाय नमः । ॐ भर्गाय नमः । ॐ गिरिधन्वने नमः । ॐ गिरिप्रियाय नमः । कृत्तिवाससे नमः । ॐ पुरारातये नमः । ॐ भगवते नमः । ॐ प्रमथाधिपाय नमः । ॐ मृत्युञ्जयाय नमः । ॐ सूक्ष्मतनवे नमः । ॐ जगद्व्यापिने नमः । ॐ जगद्गुरवे नमः । ॐ व्योमकेशाय नमः । ॐ महासेनजनकाय नमः । ॐ चारुविक्रमाय नमः । ॐ रुद्राय नमः । ॐ भूतपतये नमः । ॐ स्थाणवे नमः । ॐ अहये बुध्न्याय नमः । ॐ दिगम्बराय नमः । ॐ अष्टमूर्तये नमः । ॐ अनेकात्मने नमः । ॐ सात्त्विकाय नमः । ॐ शुद्धविग्रहाय नमः । ॐ शाश्वताय नमः । ॐ खण्डपरशवे नमः । ॐ अजाय नमः । ॐ पाशविमोचनाय नमः । ॐ मृडाय नमः । ॐ पशुपतये नमः । ॐ देवाय नमः । ॐ महादेवाय नमः । ॐ अव्ययाय नमः । ॐ हरये नमः । ॐ भगनेत्रभिदे नमः । ॐ अव्यक्ताय नमः । ॐ दक्षाध्वरहराय नमः । ॐ हराय नमः । ॐ पूषदन्तभिदे नमः । ॐ अव्यग्राय नमः । ॐ सहस्राक्षाय नमः । ॐ सहस्रपदे नमः । ॐ अपवर्गप्रदाय नमः । ॐ अनन्ताय नमः । ॐ तारकाय नमः । ॐ परमेश्वराय नमः ।

Shiva Pancakshari Stotra

शिव-पञ्च-अक्षरः स्तोत्रम् (the 5 syllabled hymn न मः शि वा य)

नागेन्द्रहाराय त्रिलोचनाय भस्माङ्गरागाय महेश्वराय ।

नित्याय शुद्धाय दिगम्बराय तस्मै नकाराय नमः शिवाय ॥ १

मन्दाकिनी सलिल चन्दन चर्चिताय नन्दीश्वर प्रमथनाथ महेश्वराय ।

मन्दारपुष्पबहुपुष्पसुपूजिताय तस्मै मकाराय नमः शिवाय ॥ २

शिवाय गौरीवदनाब्जबाल सूर्याय दक्षाध्वरनाशकाय ।

श्रीनीलकण्ठाय वृषध्वजाय तस्मै शिकाराय नमः शिवाय ॥ ३

वसिष्ठकुम्भोद्भवगौतमार्य मुनीन्द्रदेवार्चितशेखराय ।

चन्द्रार्कवैश्वानरलोचनाय तस्मै वकाराय नमः शिवाय ॥ ४

यज्ञस्वरूपाय जटाधराय पिनाकहस्ताय सनातनाय ।

दिव्याय देवाय दिगम्बराय तस्मै यकाराय नमः शिवाय ॥ ५

पञ्चाक्षरम् इदं पुण्यं यः पठेत् शिवसन्निधौ । शिवलोकम् अवाप्नोति शिवेन सह मोदते ॥

Shiva Shadakshari Stotra

शिव-षड्-अक्षरः स्तोत्रम् (the 6 syllabled hymn ॐ न मः शि वा य)

ॐकारं बिन्दु संयुक्तं नित्यं ध्यायन्ति योगिनः । कामदं मोक्षदं चैव ॐकाराय नमो नमः ॥

नमन्ति ऋषयो देवा नमन्त्यप्सरसां गणाः । नरा नमन्ति देवेशं नकाराय नमो नमः ॥

महादेवं महात्मानं महाध्यानं परायणम् । महापापहरं देवं मकाराय नमो नमः ॥

शिवं शान्तं जगन्नाथं लोकानुग्रहकारकम् । शिवम् एकपदं नित्यं शिकाराय नमो नमः ॥

वाहनं वृषभो यस्य वासुकिः कण्ठभूषणम् । वामे शक्तिधरं देवं वकाराय नमो नमः ॥

यत्र यत्र स्थितो देवः सर्वव्यापी महेश्वरः । यो गुरुः सर्वदेवानां यकाराय नमो नमः ॥

षडक्षरमिदं स्तोत्रं यः पठेत् शिव सन्निधौ । शिवलोकम् अवाप्नोति शिवेन सह मोदते ॥

Puja Items

1. Shivalinga
2. Vessels of copper, brass, stainless steel
3. Fruits, Flowers, Bilva and Tulsi Leaves, Garlands
4. Sandal paste, Turmeric, Kumkum, Akshata(unbroken rice)
5. Lamps, Agarbatti, Dhoop, Camphor
6. Coconut, Betelnut, Paan leaves
7. Ganga jal, potable water
8. Milk(unboiled), Curd, Ghee, Honey, Shakkar
9. Red and white cloth, yagyopavitam sacred thread
10. Ganesha idol, Sri Yantra, Durga/Devi idol, Conch
11. Table, Asana, Chatai as appropriate

For more information please visit https://advaita56.in/ and click on Rudra Puja

References

Author-Title-Year-Ed-Publisher

- Chayanna – Rudram ACD, VCD, Book – 2006 - 1st - The Art of Living, Bangalore
- Sri Sri Ravi Shankar - Understanding Shiva (pdf digital) – 2015 - 1st - The Art of Living, Bangalore
- Sri Sathya Sai - Sruti...the eternal echoes ACD, Book – 2012 - 2nd - Sri Sathya Sai Sadhana Trust, Prashanti Nilayam
- Maunish Vyas - Rudra Tattva – 2015 - 2nd - Maunish Vyas, Mumbai
- Sri MBP - LaghuNyaasam Shree Rudram Chamakam – 2004 - 1st - Sri M B Publishers, Chennai
- Swami Sivananda-Lord Siva And His Worship (pdf digital)-1996-8th -The Divine Life Society, Tehri Garhwal
- Swami Dayananda Saraswati - Sri Rudram – 2010 - 2nd - Arsha Vidya Research and Publication Trust, Chennai
- Swami Dayananda Saraswati – Diparadhana – 2010 - 1st - Arsha Vidya Research and Publication Trust, Chennai
- Swami Vishnu Swarupananda-संपूर्ण देवपूजा विधिः-2011-3rd - Arsha Vidya Varidhi, Nagpur
- Swami Paramarthananda-Gist of Rudram (pdf digital)-2016-1st-Arsha Avinash Foundation, Coimbatore
- Dr R L Kashyap-Rudra Mantras-2003-1st-Sri Aurobindo Kapali Sastry Institute of Vedic Culture, Bangalore
- Pandit Jwala Prasad Mishra-रुद्राष्टाध्यायी (pdf digital)-1956-1st-Khemraj ShriKrishnadass, Mumbai
- Harsha Ramamurthy-आदिशंकराचार्य पूजाविधी (pdf digital)-2005-1st -www.sanskritdocuments.org
- Swami Devrupananda-मन्त्रपुष्पम्-2010-4th -Ramakrishna Math, Mumbai
- Radheshyam Khemka-रुद्राष्टाध्यायी -2016-21st-Gita Press, Gorakhpur

Audio Chants on the Net

Sri Rudram Learning Module
http://www.sssbpt.org/sri-rudram/instructions-to-user.htm

Rudram Chamakam by Challakere Brothers
http://vandeguruparamparaam.blogspot.in/2014/08/sr-rudram-namakam-and-chamakam-audio.html

Rudram by The Art of Living
https://www.youtube.com/watch?v=JHxT4uSmNOc

Vedic Chants by Sambamurthy Sastry & Pudukottai Mahalinga Sastry
https://www.youtube.com/watch?v=ISik_cjsmJA

Pavamana Suktam by Ramesh Natarajan GRD Iyers
https://www.youtube.com/watch?v=X7693ta1_bE

Na Karmana Na Prajaya by Sri Sathya Sai Baba Rudram
https://www.youtube.com/watch?v=48QsHh7T9GU

Sri Suktam by Bhakti Varsha
https://www.youtube.com/watch?v=qvCXINjFKvs

Rudri Path by 21 Brahmins
https://www.youtube.com/watch?v=E7Y9YbQVzJo

Havan with Rudrashtadhyayi – Vedic Fire Ritual by Shanti Mandir
https://www.youtube.com/watch?v=clb22c3QiGc

Shivoham Shivoham by Bhanumathi Narasimhan
https://www.youtube.com/watch?v=h0Bt-qCxQR0

Bhanu Didi's Best Collection
https://www.youtube.com/watch?v=VcG7lU_bN40&list=PLCHabG_LlZC3vko0Uw-Yv9k94ssafasQJ

North and South Indian Traditions

There are slight variations in the text and the chanting across the length and breadth of India. This is due to the differing Vedic recensions or versions.

The South Indian chants are quite meditative and are followed in our Art of Living pujas. The tradition followed is Krishna Yajur Veda. The Rudra Mantra chants are from Taittiriya Samhita Kanda 4.

The North Indian tradition follows Shukla Yajur Veda and the Rudra Mantra chants for Abhisheka are called Rudra-Ashtadhyayi, the 8 chapters from the Vajasneyi Samhita chapters 16 and 18.

In North India generally a devotee can go straight up to the Main Altar, the Shivalinga, and offer the Puja and Abhisheka all by himself. In fact ashramites in North Indian ashrams are accustomed to this. Whereas in South India, only the priest performs the Puja at the altar while the Swami or Temple head sits as the Yajaman.

The South Indian temples perform 5 types of Rudra Puja.
1. Namaka Puja - chanting Namakam and Chamakam once
2. Rudram Puja - chanting Namakam 11 times with 1 anuvaka of Chamakam for each Namakam
3. Rudra Ekadashini Puja - chanting 121 times (11 x 11)
4. Maha Rudram Puja - chanting 1331 times (121 x 11)
5. Ati Rudram Puja - chanting 14641 times (1331 x 11)

Similarly there are five types of Rudri in the North as well.

Rudra Puja is known by various names, amongst them are Rudra Abhisheka, Rudra Ashtadhyayi, Rudri, ShataRudriya, Rudram.

The Pronoun “ I ”

Sanskrit Noun Declension Table - 7x3 Cases विभक्ति

1	Nominative (Agent)	कर्त्ता ने	Doer
2	Accusative (Object)	कर्म को	To
3	Means	करण से/ के साथ	By / with
4	Dative (Recipient)	संप्रदान के लिए	For
5	Point-of-Origin	अपादान से	From
6	Genitive	संबंध का	Of (relation)
7	Locative	अधिकरण में/ पर	Place/Time
1a	Vocative	हे / भोः	Hailing / Hello

सर्वनाम शब्दः अस्मद् (उत्तम पुरुषवाची) (gender is not applicable here)

अस्मद् - I Myself				
	Singular		Dual	Pural
1	अहम्	I	आवाम्	वयम्
2	माम् / मा	Me, myself	आवाम् / नौ	अस्मान् / नः
3	मया	by Me	आवाभ्याम्	अस्माभिः
4	मह्यम् / मे	For me, to me	आवाभ्याम् / नौ	अस्मभ्यम् / नः
5	मत्	From Me	आवाभ्याम्	अस्मत्
6	मम / मे	Of me, In me, in terms of me	आवयोः / नौ	अस्माकम् / नः
7	मयि	In Me	आवयोः	अस्मासु
1a	Vocative is Not Applicable			

Season Tithi Nakshatra

Some Sanskrit terms for puja use from पञ्चाङ्ग Panchang.

Ritu ऋतु Season – Names of season

Spring वसन्त , Summer ग्रीष्म , Monsoon वर्षा , Autumn शरद् , Pre-Winter हेमन्त , Winter शिशिर

Paksha पक्ष – Names of lunar fortnight

Bright fortnight waxing moon - शुक्ल पक्ष

Dark fortnight waning moon - कृष्ण पक्ष

Tithi तिथि – Names of lunar day

1st प्रतिपदा , 2nd द्वितीया , 3rd तृतीया , 4th चतुर्थी , 5th पञ्चमी , 6th षष्ठी , 7th सप्तमी , 8th अष्टमी , 9th नवमी , 10th दशमी , 11th एकादशी , 12th द्वादशी , 13th त्रयोदशी , 14th चतुरदशी , 15th पूर्णिमा for Bright half शुक्ल पक्ष / अमावस्या for dark half कृष्ण पक्ष

Vasara वासर – Names of weekday

Monday सोमवासरः , Tuesday मङ्गलवासरः , Wednesday बुधवासरः , Thursday गुरुवासरः , Friday शुक्रवासरः , Saturday शनिवासरः , Sunday रविवासरः

Ayana अयन – Names of solstice

Northward movement of Sun उत्तरायण Uttarayana

Southward movement of Sun दक्षिणायन Dakshinayana

Rashi राशी – Names of Zodiac

1 Aries मेष, 2 Taurus, वृषभ, 3 Gemini, मिथुन, 4 Cancer कर्क, 5 Leo सिंह, 6 Virgo कन्या, 7 Libra तुला, 8 Scorpio वृश्चिक, 9 Sagittarius धनु, 10 Capricorn मकर, 11 Aquarius कुम्भ, 12 Pisces मीन ।

Nakshatra नक्षत्र – Names of birthstar

12 Months	27 Stars नक्षत्र
1 Apr-May चैत्र Chaitra	१ चित्रा २ स्वाति
2 May-Jun वैशाख Vaisakh	३ विशाखा ४ अनुराधा
3 Jun-July ज्येष्ठ Jyeshtha	५ ज्येष्ठा ६ मूल
4 July-Aug आषाढ़ Aashadh	७ पूर्वाषाढ ८ उत्तराषाढ ९ सतभिषा
5 Aug-Sep श्रावण Shravan	१० श्रवण ११ धनिष्ठा
6 Sep-Oct भाद्रपद् Bhadrapad	१२ पूर्वभाद्र १३ उत्तरभाद्र
7 Oct-Nov आश्विन Ashwin	१४ अश्विन १५ रेवती १६ भरणी
8 Nov-Dec कार्तिक Kartik	१७ कृतिका १८ रोहिणी
9 Dec-Jan मार्गशीर्ष Margashirsh	१९ मृगशिरा २० उत्तरा
10 Jan-Feb पौष Paush	२१ पुनर्वसु २२ पुष्य
11 Feb-Mar माघ Magh	२३ मघा २४ अश्लेशा
12 Mar-Apr फाल्गुन Phalgun	२५ पूर्वाफाल्गुन २६ उत्तराफाल्गुन २७ हस्त

Rudri at MaGuch Dham

Kanwal Maa Ashram
Ludhiana, 18th Sept 2016

It was a fine Sunday morning as we assembled at Shri Shivashraya Maguch Dham Elahi Sthal and Rudra Abhisheka began at 7am sharp.

Seeing the beautiful flower arrangements the Mother Divine said lovingly, ‘take the pictures, it is so pretty’.

Shri Shiv Ashray Maguch Dhaam Elahi Sthal
https://www.facebook.com/Shri-Shiv-Ashray-Maguch-Dhaam-1742074259399789/

गुरु वंदना

गुरुर् ब्रह्मा गुरुर् विष्णुः गुरुर् देवो महेश्वरः ।

गुरुस् साक्षात् परंब्रह्म तस्मै श्री गुरवे नमः ॥

गुरु बिन् ज्ञान न उपजे । गुरु बिन् मिले न मोक्ष ॥

गुरु बिन् लखे न सत्य को । गुरु बिन् मिटे न दोष ॥

ये तन विष की बेलरी । गुरु अमृत की खान ॥

लाख शीश दे हरि मिले तो भि सस्ता जान ॥

ध्यान मूलं गुरुर् मूर्तिः पूजा मूलं गूरुः पदम् ।

मंत्र मूलं गुरुर् वाक्यं मोक्ष मूलं गुरुः कृपा ॥

गुरु चरणन में बैठ कर ऐसे आँसू आएँ ।

कोटि कोटि मेरे कर्म धोएँ पावन मुझे बनाएँ ॥

आरती श्री गणेश जी की

जय गणेश जय गणेश जय गणेश देवा ।

माता जाकी पार्वती पिता महादेवा ॥

लड्डुवन का भोग लागे सन्त करें सेवा ॥ जय गणेश जय गणेश

एक दन्त दयावन्त चार भुजा धारी ।

मस्तक पर सिन्दूर सोहे मूसे की सवारी ॥ जय गणेश जय गणेश

अन्धन को आंख देत कोढ़िन को काया ।

बाँझन को पुत्र देत निर्धन को माया ॥ जय गणेश जय गणेश

हार चढ़ें फूल चढ़ें और चढे मेवा । दीनन की लाज राखो शम्भु-सुत वारी ।

कामना को पूरी करो जग बलिहारी ॥ जय गणेश जय गणेश

आरती भोलेनाथ जी की

ॐ जय शिव ओंकारा जय शिव ओंकारा
ब्रह्मा विष्णु सदाशिव अर्द्धांगी धारा । ॐ हर हर महादेव ।
एकानन चतुरानन पंचानन राजे
हंसानन गरुडासन वृषवाहन साजे । ॐ हर हर महादेव ।
दो भुज चार चतुर्भुज दश भुज ते सोहे
तीनो रूप निरखते त्रिभुवन जन मोहे । ॐ हर हर महादेव ।
अक्षयमाला बनमाला मुण्डमाला धारी
चन्दन मृगमद सो हे भालेशशि धारी । ॐ हर हर महादेव ।
श्वेताम्बर पीताम्बर बाघम्बर अंगे
सनकादिक ब्रह्मादिक भूतादिक संगे । ॐ हर हर महादेव ।
कर के मध्य कमंडल चक्र त्रिशुल धर्ता
जगकर्ता दुःखहर्ता जगपालन कर्ता । ॐ हर हर महादेव ।
ब्रह्मा विष्णु सदाशिव जानत अविवेका
प्रणवाक्षर के मध्य शोभित तीनों एका । ॐ हर हर महादेव ।
काशी में विश्वनाथ विराजे नन्दा ब्रह्मचारी
नित उठ भोग लगावे महिमा अति भारी । ॐ हर हर महादेव ।
त्रिगुण शिवजी की आरती जो कोई नर गावे
कहत शिवानन्द स्वामी मन वांछित फल पावे । ॐ हर हर महादेव ।

आरती माँ गौरी जी की

जय अम्बे गौरी मइया जय श्यामा गौरी

मइया जी को नितदिन ध्यावत हरि ब्रह्मा शिवजी ॥ ॐ जय अम्बे गौरी

माँग सिंदूर विराजत टीको मृगमद को, उज्ज्वल से दोउ नैना चंद्र वदन नीको ॥ ॐ जय

कनक समान क्लेवर रक्ताम्बर राजे, रक्तपुष्प गल माला कण्ठन पर साजै ॥ ॐ जय अम्बे

केहरि वाहन राजत खड्ग खप्पर धारी, सुर-नर-मुनिजन सेवत तिनके दुःख हारी ॥ ॐ जय

कानन कुण्डल शोभित नासाग्रे मोती, कोटिक चन्द्र दिवाकर राजत सम ज्योती ॥ ॐ जय

शुंभ निशुंभ विदारे महिषासुर घाती, धूम्र विलोचन नैना निशदिन मदमाती ॥ ॐ जय

चण्ड-मुण्ड संहारे शोणित बीज हरे, मधु-कैटभ दोउ मारे सुर भयहीन करे ॥ ॐ जय

ब्रह्माणी रूद्राणी तुम कमला रानी, आगम निगम बखानी तुम शिव पटरानी ॥ ॐ जय

चौंसठ योगिनी गावत नृत्य करत भैरों, बाजत ताल मृदङ्ग और बाजत डमरू ॥ ॐ जय

तुम ही जग की माता तुम ही हो भरता, भक्तन की दुख हर्ता सुख सम्पत्ति कर्ता ॥ ॐ जय

भुजा चार अति शोभित वर मुद्रा धारी, मनवांछित फल पावत सेवत नर नारी ॥ ॐ जय

कंचन थाल विराजत अगर कपूर बाती, श्रीमालकेतु में राजत कोटि रत्न ज्योती ॥ ॐ जय

श्री अम्बे जी की आरती जो कोइ नर गावे, कहत शिवानन्द स्वामी मनवांछित फल पावे॥

श्री चरण पादुका स्तोत्र

अनन्त संसार समुद्र तार नौकायिताभ्यां गुरुभक्तिदाभ्याम् ।
वैराग्य साम्राज्यद पूजनाभ्यां नमो नमः श्रीगुरुपादुकाभ्याम् ॥ १ ॥
कवित्ववारा शिनिशाकराभ्यां दौर्भाग्य दावां बुदमालिकाभ्याम् ।
दूरिकृता नम्र विपत्तिताभ्यां नमो नमः श्रीगुरुपादुकाभ्याम् ॥ २ ॥
नता ययोः श्रीपतितां समीयुः कदाचि दप्याशु दरिद्रवर्याः ।
मूकाश्च वाचस्पतितां हि ताभ्यां नमो नमः श्रीगुरुपादुकाभ्याम् ॥ ३ ॥
नाली कनीकाश पदाहृताभ्यां नाना विमोहादि निवारिकाभ्याम् ।
नमज्जनाभीष्ट ततिप्रदाभ्यां नमो नमः श्रीगुरुपादुकाभ्याम् ॥ ४ ॥
नृपालि मौळि ब्रज रत्नकान्ति सरिद्विराजत् झषकन्यकाभ्याम् ।
नृपत्वदाभ्यां नतलोकपङ्क्तेः नमो नमः श्रीगुरुपादुकाभ्याम् ॥ ५ ॥
पापान्धकारार्क परंपराभ्यां ताप त्रयाहीन्द्र खगेश्वराभ्याम् ।
जाड्याब्धि संशोषण वाडवाभ्यां नमो नमः श्रीगुरुपादुकाभ्याम् ॥ ६ ॥
शमादि षट्क प्रदवैभवाभ्यां समाधिदान व्रतदीक्षिताभ्याम् ।
रमाधवाङ्घ्रि स्थिरभक्तिदाभ्यां नमो नमः श्रीगुरुपादुकाभ्याम् ॥ ७ ॥
स्वार्चा पराणाम् अखिलेष्टदाभ्यां स्वाहास हायाक्ष धुरन्धराभ्याम् ।
स्वान्ताच्छ भाव प्रदपूजनाभ्यां नमो नमः श्रीगुरुपादुकाभ्याम् ॥ ८ ॥
कामादि सर्प व्रजगारुडाभ्यां विवेक वैराग्य निधिप्रदाभ्याम् ।
बोधप्रदाभ्यां द्रुतमोक्षदाभ्यां नमो नमः श्रीगुरुपादुकाभ्याम् ॥ ९ ॥ x 3

Guru Paduka Stotram of Adi Sankaracharya by Bombay Sisters
https://www.youtube.com/watch?v=nmeNd9PFqaA

प्रभु का आह्वान

मनुष्य का तन मिट्टी है । उसमें शक्ति प्रभु की है ।पर मनुष्य को प्रभु का एहसास नहीं है। एहसाह बिना मनुष्य शव है । आओ तो प्रभु का आह्वान करके शव से शिव हो जायें । खुदा का आह्वान हो और खुदी का विसर्जन हो जाए ।

आन बसो प्रभु बुद्धि में, कर लो अपना वास । ॐ नमः शिवाय प्रभु ॐ नमः शिवाय

इन नैनन में आन बसो दर्शन करूँ तिहार । ॐ नमः शिवाय प्रभु ॐ नमः शिवाय

नासिका में प्रभु आन बसो बन के आप श्वास । ॐ नमः शिवाय प्रभु ॐ नमः शिवाय

इन कानों से मैं सुनू आप हि की आवाज़ । ॐ नमः शिवाय प्रभु ॐ नमः शिवाय

मुख से महिमा आपकी गाउँ मैं दिन रात । ॐ नमः शिवाय प्रभु ॐ नमः शिवाय

ललाट से मेरे चमके आप हि की लाट । ॐ नमः शिवाय प्रभु ॐ नमः शिवाय

कन्ठ से गाउँ आपकी नित नित पावन वाणी । ॐ नमः शिवाय प्रभु ॐ नमः शिवाय

हृदय में प्रभु आन बसो कर लो आपना वास । ॐ नमः शिवाय प्रभु ॐ नमः शिवाय

उदर नाभि में आन बसो अष्टकमल खिल जाए । ॐ नमः शिवाय प्रभु ॐ नमः शिवाय

पिण्डलियों में आन बसो शक्ति का संचार । ॐ नमः शिवाय प्रभु ॐ नमः शिवाय

पाँव में प्रभु शक्ति दो आऊँ तेरे द्वार । ॐ नमः शिवाय प्रभु ॐ नमः शिवाय

इन बाजुओं में बल दो सेवा करें दिन रैन । ॐ नमः शिवाय प्रभु ॐ नमः शिवाय

हाथ जोड़ तेरे द्वार पे पाऊँ सच्चा चैन । ॐ नमः शिवाय प्रभु ॐ नमः शिवाय

अहंकार मन बुद्धि की रक्षा करो मेरे तात । ॐ नमः शिवाय प्रभु ॐ नमः शिवाय

बाल खड़े दरबार में माँ बोलन जै जैकार । ॐ नमः शिवाय प्रभु ॐ नमः शिवाय

Rudri at Anant Anand Ashram

Shree Shree Maa Ashram
Vahelal, 2nd Jan 2017

ॐ

पौष ता २–१–२०१७

सु ६–४ सोमवार

पवित्रता और सत्य हमारे

अंदर दिव्यताके द्वार खोलकर

हमें पूर्णता प्राप्त करवाते हैं ।

भगवान के विराट साम्राज्य का

द्वार ही सत्य है । भगवद् साक्षात्कार

रूपी मंदिरका दृढ स्तंभ ही सत्य है ।

जय भगवान

- ॐ माँ

Mother Divine's message for us all on this auspicious Monday
Shree Shree Maa Anant Anand Ashram
http://www.divyajyot.org/vehlal.aspx

श्री गणेशाय नमः । जय भगवान । महामृत्युञ्जय स्तोत्र

देवाधि देव देवेश सर्वप्राण भृतांवरे । प्राणिनामपि नाथस्त्वं मृत्युञ्जय नमोऽस्तुते । १

देहिनाम् जीव भूतोसि जीवो जीवस्य कारणम् ।

जगतां रक्षकस्त्वं वै मृत्युञ्जय नमोऽस्तुते ।२

हिमाद्रि शिखराकर सुधा विचि मनोहर । पुण्डरीकं रूपं ज्योति मृत्युञ्जय नमोऽस्तुते । ३

ध्यानाधार महाज्ञान सर्व ज्ञानैक कारणम् ।

परित्रातासि लोकानां मृत्युञ्जय नमोऽस्तुते । ४

निहता येन कालेन सदेवासुर मानुषाः ।

गन्धर्वाप्सराश्चैव सिद्धा विद्याधरास् तथा । ५

साध्याश्र वसवो रुद्रास् तथा अश्विनि–सुतावुभौ ।

मारुतश्च दिशो नागः स्थावरा जंगमास् तथा ।

जितः सोऽपि त्वयाध्याना मृत्युञ्जय नमोऽस्तुते । ६

ये ध्यायन्ती परां मूर्तिम् पूज्यन्त्यमरा दयः ।

न ते मृत्युवशं यान्ति मृत्युञ्जय नमोऽस्तुते ।७

त्वम् ॐकारोसि वेदानां देवानां च सदाशिवः ।

आधार् शक्तिः शक्तिनाम् मृत्युञ्जय नमोऽस्तुते । ८

स्थावरं जङ्मेवापी यावत् तिष्ठति देहगः ।

जीवत्य पत्य लोकायं मृत्युञ्जय नमोऽस्तुते । ९

सोम सूर्यादि मध्यस्थ व्योम व्यापिन् सदाशिवः ।

काल त्रय महाकाल मृत्युञ्जय नमोऽस्तुते । १०

प्रबुद्धे च प्रवृद्धे च त्वमेव सृजते जगत् ।

सृष्टि रूपेण देवेश मृत्युञ्जय नमोऽस्तुते । ११

व्योम्नि त्वं व्योम रूपोऽसि तेजः सर्वत्र तेजसि ।

ज्ञानिनां ज्ञान रूपोऽसि मृत्युञ्जय नमोऽस्तुते । १२

जगत् जीवो जगत् प्राणः स्त्रष्टा त्वं जगतः प्रभुः ।

कारणं सर्व तीर्थानां मृत्युञ्जय नमोऽस्तुते । १३

नेता त्वम् इन्द्रियाणां च सर्वज्ञान प्रबोधकः ।

साङ्ख्ययोगश्च हंसश्च मृत्युञ्जय नमोऽस्तुते। १४
रूपातीतः सुरूपश्च पिण्डस्थः पदमेव च ।
चतुर्योग कलाधार मृत्युञ्जय नमोऽस्तुते। १५
रेचके वह्निरूपोऽसि सोमरूपोऽसि पूरके ।
कुम्भके शिवरूपोऽसि मृत्युञ्जय नमोऽस्तुते। १६
क्षयं करोति पापानां पुण्यानाम् अपवर्द्धनम् ।
हेतुस् त्वं श्रेयसे नित्यं मृत्युञ्जय नमोऽस्तुते । १७
सर्व माया कलातीत सर्वेन्द्रिय परावर ।
सर्वेन्द्रिय कलाधीश मृत्युञ्जय नमोऽस्तुते । १८
रूपगन्धो रसस्पर्शः शब्दः संस्कार एव च ।
तत्व प्रकाश एतेषां मृत्युञ्जय नमोऽस्तुते । १९
चतुर्विधानां सृष्टिनां हेतुस् त्वं कारणेश्वरः ।
भावाभाव परिछिन्न मृत्युञ्जय नमोऽस्तुते । २०
त्वम् एको निष्कलो लोके सकलं भुवनत्रये ।
अति सूक्षम् अति रुपस् त्वं मृत्युञ्जय नमोऽस्तुते । २१
त्वं प्रबोधस् त्वं आधारस् त्वं बीजं भुवनत्रये ।
सत्वं रजस् तमस् त्वं हि मृत्युञ्जय नमोऽस्तुते । २२
त्वं सोमस् त्वं दिनेशस् त्वम् आत्मा प्रकृते परः ।
अष्टात्वशंत कला नाथ मृत्युञ्जय नमोऽस्तुते । २३
सर्वेन्द्रियाणां आधारः सर्व भूतगणाश्रयः ।
सर्वज्ञानमय अनन्तः मृत्युञ्जय नमोऽस्तुते ।२४
त्वम् आत्मा सर्व भूतानां गुणानां त्वम् अधीश्वरः ।
सर्वानन्द मयाधार मृत्युञ्जय नमोऽस्तुते ।२५
त्वं यज्ञः सर्व यज्ञानां त्वं बुद्धि बोधलक्षणः ।
शब्दब्रह्म त्वम् ॐकारः मृत्युञ्जय नमोऽस्तुते । २६

इति तेन जितो मृत्युः मार्कण्डेयेन धीमता । प्रसन्ने पुण्डरीकाक्षे नृसिंहे नाति दुर्बलम ।
मार्कण्डेय हितार्थाय स्वयं विष्णुर् उवाचः । यद् इदं पठते भक्त्या त्रिकालं नियत शुचिः ।
न अकाले तस्य मृत्युः स्थान नरस्या येन चेतसः ॥

द्वादश ज्योतिर् लिङ्ग स्मरणम्

सौराष्ट्रे सोमनाथं च श्रीशैले मल्लिकार्जुनम् ।

उज्जयिन्यां महाकालम् ॐकारममलेश्वरम् ॥

परल्यां वैद्यनाथं च डाकिन्यां भीम शङ्करम् ।

सेतुबन्धे तु रामेशं नागेशं दारुकावने ॥

वारणस्यां तु विश्वेशं त्रयम्बकं गौतमी तटे ।

हिमालये तु केदारं घुश्मेशं तु शिवालये ॥

एतानि ज्योतिर् लिङ्गानि सायं प्रातः पठेन्नरः ।

सप्त जन्म कृतं पापं स्मरणेन विनश्यति ॥

https://www.youtube.com/watch?v=GPtKbJBTrrQ

श्री रुद्राभिषेक स्तोत्रम् महाभारत अन्तर्गतम्

Mahabharata Drona Parva Book 7 Verse 49 onwards

ॐ नमो भवाय शर्वाय रुद्राय वरदाय च ।
पशूनां पतये नित्यम् उग्राय च कपर्दिने ॥१
महादेवाय भीमाय त्र्यम्बकाय च शम्भवे ।
ईशानाय मखघ्नाय नमोऽस्त्वन्धक घातिने ॥२
कुमार गुरवे नित्यं नील ग्रीवाय वेधसे ।
पिनाकिने हविष्याय सत्याय विभवे सदा ॥३
विलोहिताय धूम्राय व्याधायानपराजिते ।
नित्यं नील शिखण्डाय शूलिने दिव्य चक्षुषे ॥४
हन्त्रे गोप्त्रे त्रिनेत्राय व्याधाय वसुरेतसे ।
अचिन्त्यायाम्बिका भर्त्रे सर्वदेव स्तुताय च ॥५
वृषध्वजाय पिङ्गाय जटिने ब्रह्मचारिणे ।
तप्यमानाय सलिले ब्रह्मण्याया जिताय च ॥६
विश्वात्मने विश्वसृजे विश्वमावृत्य तिष्ठते ।
नमो नमस्ते सेव्याय भूतानां प्रभवे सदा ॥७
ब्रह्म वक्त्राय शर्वाय शंकराय शिवाय च ।
नमोऽस्तु वाचस्पतये प्रजानां पतये नमः ॥८
अभिगम्याय काम्याय स्तुत्यार्याय सर्वदा । नमोऽस्तु देवदेवाय महाभूतधराय च ।
नमो विश्वस्य पतये महतां पतये नमः ॥९
नमः सहस्त्रशिरसे सहस्त्रभुज मन्यवे ।
सहस्त्र नेत्रपादाय नमोऽसङ्ख्येय कर्मणे ॥१०
नमो हिरण्यवर्णाय हिरण्यकवचाय च ।
भक्तानुकम्पिने नित्यं सिध्यतां नौवरः प्रभो ॥११
एवं स्तुत्वा महादेवं वासुदेवः सहार्जुनः । प्रसादया मास भवं तदा ह्यस्त्रोपलब्धये ॥
॥ ॐ हर हर महादेव ॥

Practising the Chanting

North Indian Tradition

Practising the Chanting – North Indian Tradition

Shukla Yajur Veda RUDRASHTADHYAYI

शुक्ल-यजुर्-वेद रुद्राष्टाध्यायी

Pronunciation guidelines for Vedic mantras

Some ष् (षकार) is like ख्

Some य् (यकार) is like ज् । Such य is written as य

२ means pluta, stretch enunciation ~2 seconds

Anusvara sandhi follows Panini grammar rules of becoming the corresponding row nasal letter.

Visarga sandhi follows Panini grammar rules and visarga is replaced by appropriate letter. As seen in the text.

The Namakam section is called शतरुद्रिय the 100 names of Lord.

The Namakam section (पञ्चमोऽध्याय) is called शतरुद्रिय 100 names of Lord.

<u>विनियोगः तथा षड् - अङ्ग - न्यासः</u>

ॐ मनोजूतिर् इति मन्त्रस्य बृहस्पतिर् ऋषिः । बृहती छन्दः । बृहस्पतिर् देवता ।

हृदयन्यासे विनियोगः । (offer acamanam water)

ॐ मनोजूतिर् जुषतामाज्यस्य बृहस्पतिर् यज्ञम् इमन्तनोत्वर् इष्टं यज्ञꣳ समिमन्दधातु । विश्वेदेवासऽइह मादयन्तामोँ २ प्रतिष्ठ ।ॐ हृदयाय नमः ॥ १ (touch heart with 5 fingers)

ॐ अबोद्ध्यग्निर् इति मन्त्रस्य बुधगविष्ठिरा ऋषिः । त्रिष्टुप् छन्दः । अग्निर् देवता ।

शिरोन्यासे विनियोगः । (offer acamanam water)

ॐ अबोद्ध्यग्निः समिधा जनानाम् प्रति धेनु मिवायतीमुषासम् । यह्वाऽ इवप्रवया मुज्जिहानाः प्रभानवः सिस्रते नाकमच्छ । ॐ शिरसे स्वाहा ॥ २ (touch head)

ॐ मूर्द्धानम् इति मन्त्रस्य भरद्वाज ऋषिः । त्रिष्टुप् छन्दः । अग्निर् देवता । शिखान्यासे विनियोगः । (offer acamanam water)
ॐ मूर्द्धानन्दिवोऽअरतिम्पृथिव्या वैश्वा नरमृतऽ आजातम् अग्निम् । कविꣳ सम्राज मतिथिञ् जनानाम् आसन्ना पात्रञ् जनयन्त देवाः । ॐ शिखायै वषट् ॥ ३ (touch shikha with right thumb)

ॐ मर्म्माणि ते इति मन्त्रस्य अप्रतिरथ ऋषिः । विराट् छन्दः । मर्म्माणि देवता । कवचन्यासे विनियोगः । (offer acamanam water)
ॐ मर्म्माणि ते वर्मणाच्छादयामि सोमस् त्वा राजा मृते नानुवस् ताम् । उरोर्वरीयो वरुणस् ते कृणोतु जयन्तन्त्वा नु देवामदन्तु । ॐ कवचाय हुम् ॥ ४ (touch left shoulder with right hand & vice versa simultaneously)

ॐ विश्वतश् चक्षुर् इति मन्त्रस्य विश्वकर्माभौवन ऋषिः । त्रिष्टुप् छन्दः । विश्वकर्मा देवता । नेत्रन्यासे विनियोगः । offer acamanam water
ॐ विश्वतश् चक्षुरुत विश्वतो मुखो विश्वतो बाहुरुत विश्वतस् पात् । सम्बाहुभ्यान्धमति सम्पतत्त्रैर्द्यावाभूमी जनयन्देवऽ एकः । ॐ नेत्रत्रयाय वौषट् ॥ ५ (touch right eye, third eye and left eye with index, middle & ring finger resp.)

ॐ मानस्तोके इति मन्त्रस्य परमेष्ठी ऋषिः । जगती छन्दः । एको रुद्रो देवता । अस्त्रन्यासे विनियोगः । offer acamanam water
मा नस्तोके तनये मा न आयुषि मा नो गोषु मा नो अश्वेषु रीरिषः । मा नो वीरान् रुद्र भामिनो वधीर् हविष्मन्तः सदमित्त्वा हवामहे । ॐ अस्त्राय फट् ॥ ६ (make a pradakshina of head with right hand snapping thumb with middle finger, then clap on left hand with index and middle fingers)

ध्यानम् Dhyanam

ध्यायेन्नित्यं महेशं रजतगिरिनिभं चारुचन्द्रावतंसं रत्नाकल्पोज् ज्वलाङ्गं परशुमृगवराभीति हस्तं प्रसन्नम् । पद्मासीनं समन्तात् स्तुतममरगणैर् व्याघ्रकृत्तिं वसानं विश्वाद्यं विश्वबीजं निखिलभयहरं पञ्चवक्त्रं त्रिनेत्रम् ॥

अथ प्रथमोऽध्यायः 1st Chapter

Invoking protection, well-being, innocence, auspiciousness.

श्री गणेशाय नमः । हरिः ॐम ।

गणानान् त्वा गणपतिꣳ हवामहे प्रियाणान् त्वा प्रियपतिꣳ हवामहे निधीनान् त्वा निधिपतिꣳ हवामहे वसो मम । आहमजानि गर्भधमात् त्वम् अजासि गर्भधम् ॥ १ ॥ गायत्री त्रिष्टुब् जगत्य नुष्टुप् पङ्क्त्या सह । बृहत् त्युष्णिहा ककुप्सूचीभिः शम्म्यन्तु त्वा ॥ २ ॥ द्विपदा याश् चतुष्पदास् त्रिपदा याश् च षट्पदाः । विच्छन्दा याश्च सच्छन्दास् सूचीभिः शम्म्यन्तु त्वा ॥ ३ ॥ सहस् तोमाः सहच्छन्दसऽआवृतः सहप्रमा ऋषयः सप्त दैव्याः । पूर्वेषां पन्थामनुदृश्य धीराऽअन्वालेभिरे रथ्यो न रश्मीन् ॥ ४ ॥

<u>Shiva Sankalpa</u>

यज् जाग्रतो दूरमुदैति दैवन्त दुसुप्तस्य तथैवैति ।

दूरङ्गञ् ज्योतिषाञ् ज्योतिरेकन् तन्मे मनः शिवसङ्कल्पमस्तु ॥ ५ ॥ येन कर्माण्यपसो मनीषिणो यज्ञे कृण्वन्ति विदथेषुधीराः । यद् अपूर्वं यक्षमन्तः प्रजानान् तन्मे मनः शिवसङ्कल्पमस्तु ॥ ६ ॥ यत् प्रज्ञानमुतचेतो धृतिश्च यज् ज्योतिरन्तरमृतं प्रजासु । यस्मान्नऽऋते किञ्चन कर्म क्रियते तन्मे मनः शिवसङ्कल्पमस्तु ॥ ७ ॥ येनेदम् भूतम् भुवनम् भविष्यत् परिगृहीतममृतेन सर्वम् । येन यज्ञस् तायते सप्त होता तन्मे मनः शिवसङ्कल्पमस्तु ॥ ८ ॥ यस्मिन् ऋचस् साम यजूꣳषि यस्मिन् प्रतिष्ठिता रथनाभाविवाराः । यस्मिँश् चित्तꣳ सर्वमोतम् प्रजानां तन्मे मनः शिवसङ्कल्पमस्तु ॥ ९ ॥ सुषारथिरश्वानिव यन् मनुष्यान्नेनीयते भीशुभिर्वाजिनऽइव । हृत् प्रतिष्ठं यद् अजिरञ् जविष्ठन् तन्मे मनः शिवसङ्कल्पमस्तु ॥ १० ॥

अथ द्वितीयोऽध्यायः 2nd Purusha Suktam

Invoking strength, vigor, greatness, completeness.
हरिः ॐम ।

सहस्रशीर्षा पुरुषः सहस्राक्षः सहस्रपात् । स भूमिꣳ सर्वत स्पृत्त्वात्त्यतिष्ठद् दशाङ्गुलम् ॥ १
॥ पुरुषऽएवेदꣳ सर्वं यद्भूतं यच्च भाव्यम् । उतामृतत्त्वस्येशानो यद् अन्नेनाति रोहति ॥ २
॥ एतावानस्य महिमातोज् ज्यायाँ२ श्च पूरुषः । पादोऽस्य विश्वा भूतानि त्रिपादस्यामृतन्
दिवि ॥ ३॥ त्रिपादूर्ध्वऽउदैत्पुरुषः पादोऽस्येहाऽऽभवत् पुनः । ततो विष्वङ्व्यक्रामत्
साशनानशने अभि ॥ ४ ॥ ततो विराड् अजायत विराजोऽअधिपूरुषः । स जातो
अत्यरिच्यत पश्चाद् भूमिम् अथो पुरः॥ ५ ॥ तस्माद् यज्ञात् सर्वहुतꣳ सम्भृतम्पृषदाज्यम्
। पशूँस्ताँश्चक्रे वायव्यान् आरण्या ग्राम्याश्च ये ॥ ६ ॥ तस्माद् यज्ञात् सर्वहुतऽऋचꣳ
सामानि जज्ञिरे । छन्दाꣳसि जज्ञिरे तस्माद् यजुस् तस्माद् अजायत ॥ ७ ॥ तस्माद्
अश्वाऽअजायन्त ये के चोभयादतः । गावो ह जज्ञिरे तस्मात् तस्माज् जाताऽअजावयः ॥
८ ॥ तं यज्ञम्बर्हिषि प्रौक्षन् पुरुषञ् जातम् अग्रतः । तेन देवा अयजन्त साध्या ऋषयश्च ये
॥ ९ ॥ यत् पुरुषं व्यदधुः कतिधा व्यकल्पयन् । मुखङ्किम् अस्यासीत् किम्बाहू किम् ऊरू
पादाऽउच्येते ॥ १० ॥ ब्राह्मणोऽस्य मुखमासीद् बाहू राजन्यꣳ कृतः । ऊरू तदस्य यद्
वैश्यः पद्भ्याꣳ शूद्रोऽअजायत ॥ ११ ॥ चन्द्रमा मनसो जातश् चक्षो सूर्यो अजायत ।
श्रोत्राद् वायुश्च प्राणश्च मुखाद् अग्निर् अजायत ॥ १२ ॥ नाभ्याऽआसीद् अन्तरिक्षꣳ
शीर्ष्णो द्यौः समवर्त्तत । पद्भ्याम् भूमिर् दिशꣳ श्रोत्रात् तथा लोकाँ२ । अकल्पयन् ॥
१३॥ यत् पुरुषेण हविषा देवा यज्ञम् अतन्वत । वसन्तोऽस्या सीदाज्यङ् ग्रीष्मऽइध्मः
शरद् धविः ॥ १४॥ सप्तास्यासन् परिधयस् त्रिः सप्त समिधः कृताः । देवा यद् यज्ञन्
तन्वानाऽअबध्नन् पुरुषम् पशुम् ॥ १५॥ यज्ञेन यज्ञम् अयजन्त देवास् तानि धर्माणि
प्रथमान्यासन् । ते ह नाकम् महिमानः सचन्त यत्र पूर्वे साध्याः सन्ति देवाः ॥ १६॥
अद्भयः सम्भृतः पृथिव्यै रसाच्च विश्वकर्मणꣳ समवर्त्तताग्रे । तस्य त्वष्टा विदधद्रूपमेति तन्
मर्त्यस्य देवत्वम् आजानम् अग्रे ॥ १७॥ वेदाहमेतं पुरुषं महान्तम् आदित्यवर्णन् तमसः

पुरस्तात् । तमेव विदित्त्वाति मृत्युमेति नान्यः पन्था विद्यतेऽयनाय ॥१८॥
प्रजापतिश्चरति गर्भेऽअन्तरजायमानो बहुधा विजायते । तस्य योनिम् परिपश्यन्ति धीरास्
तस्मिन् हतस्थुर् भुवनानि विश्वा ॥ १९ ॥ यो देवेभ्यऽआतपति यो देवानां पुरोहितः ।
पूर्वो यो देवेभ्यो जातो नमो रुचाय ब्राह्मये ॥ २०॥ रुचं ब्राह्मञ् जनयन्तो देवा अग्रे तद्
अब्रुवन् । यस्त्वैवं ब्राह्मणो विद्यात् तस्य देवाऽअसन् वशे ॥ २१॥ श्रीश्च ते लक्ष्मीश्च
पत्क्न्याव होरात्रे पार्श्वे नक्षत्राणि रूपम् अश्विनौ व्यात्तम् । इष्णन्निषाण अमुंऽइषाण सर्व
लोकम् मऽइषाण ॥ २२॥

अथ तृतीयोऽध्यायः 3rd Chapter

Invoking alertness, sharpness, brilliance.

हरिः ॐम ।

आशुः शिशानो वृषभो न भीमो घनाघनः क्षोभणश्चर्षणीनाम् । सङ्क्रन्दनो निमिष एक वीरः शतꣳ सेनाऽअजयत् साकम् इन्द्रः ॥ १ ॥ सङ्क्रन्दनेना निमिषेण जिष्णुना युत् कारेण दुश्च्य वनेन धृष्णुना । तदिन्द्रेण जयत तत् सहध्वं युधो नरऽइषुहस्तेन वृष्णा ॥ २ ॥ सऽइषुहस्तैः सनिषङ्गिभिर्वशीसꣳ स्रष्टा सयुधऽइन्द्रो गणेन । सꣳ सृष्टजित् सोमपा बाहु शर्ध्युग्र धन्वा प्रति हिताभिरस्ता ॥ ३ ॥ बृहस्पते परिदीया रथेन रक्षोहामित्राँ२ । अपबाधमानः । प्रभञ्ज् जन्त्सेनाः प्रमृणोयुधा जयन्न् अस्माकमेध्यविता रथानाम् ॥ ४ ॥ बलविज्ञाय स्थविरः प्रवीरः सहस्वान् वाजी सहमानऽउग्रः । अभिवीरोऽअभिसत्त्वा सहोजा जैत्रम् इन्द्र रथमा तिष्ठ गोवित् ॥ ५ ॥ गोत्रभिदङ्ग् गोविदं वज्रबाहुञ् जयन्तम् अज्म प्रमृणन्तमोजसा । इमꣳ सजाताऽअनुवीरयद्ध्वमिन्द्रꣳ सखायोऽ अनुसꣳ रभध्वम् ॥ ६ ॥ अभि गोत्राणि सहसा गाहमानो दुयोवीरः शतमन्युर् इन्द्रः । दुश्च्य युवनः पृतनाषाड युद्ध्योऽस्माकꣳ सेनाऽअवतु प्रयुत्सु ॥ ७ ॥ इन्द्रऽआसान् नेता बृहस्पतिर् दक्षिणा यज्ञः पुर एतुऽसोमः । देव सेनानाम् अभिभञ्जतीनाञ् जयन्तीनाम् मरुतो यन्त्वग्रम् ॥ ८ ॥ इन्द्रस्य वृष्णो वरुणस्य राज्ञ आदित्यानाम् मरुताꣳ शर्द्ध उग्रम् । महामनसाम् भुवनच्च्युवानाङ् घोषो देवानाञ् जयता मुदस्थात् ॥ ९ ॥ उद्धर्षय मघवन्ना युधान् युत्सत्त्वनाम् मामकानाम् मनाꣳसि । उद् वृत्रहन् वाजिनां वाजिनां युद्रथानाञ् जयतां यन्तु घोषाः ॥ १० ॥ अस्माकम् इन्द्रः समृतेषु ध्वजेष्वस्माकं या इषवस्ता जयन्तु । अस्माकं वीरा उत्तरे भवन्त्वस्माँ२ । उदेवा अवता हवेषु ॥ ११ ॥ अमीषाञ् चित्तम् प्रतिलोभयन्ती गृहाणाङ्गान् यप्वे परेहि । अभि प्रेहि निर्दह हृत्सु शोकै रन्धेना मित्रास् तमसा सचन्ताम् ॥ १२ ॥ अवसृष्टा परापत शरव्ये ब्रह्म सꣳ शिते । गच्छामित्रान् प्रपद्यस्व मामीषाङ् कञ्चनोच्छिषः ॥ १३ ॥ प्रेता जयता नर इन्द्रो वः शर्म यच्छतु । उग्रा वः सन्तु बाहवो नाधृष्या यथासथ ॥ १४ ॥ असौ या सेना मरुतः परेषाम् अभ्यैति न ओजसा स्पर्धमाना । ताङ् गूहत तमसा पव्रतेन यथामी अन्यो अन्यन् अजानन् ॥ १५ ॥ यत्र बाणाः सम्पतन्ति कुमारा विशिखा इव । तन्न इन्द्रो बृहस्पतिर् अदितिः शर्म्म यच्छतु विश्वाहा शर्म्म यच्छतु ॥ १६ ॥ मर्म्माणि ते वर्मणा छादयामि सोमस्त्वा राजाऽमृतेनानु वस्ताम् । उरोर्वरीयो वरुणस्ते कृणोतु जयन्तन् त्वाऽनु देवामदन्तु ॥ १७ ॥

अथ चतुर्थोऽध्यायः 4th Chapter

Harnessing the mighty forces of nature.

हरिः ॐम ।

विभ्राड् बृहत् पिबतु सोम्यम् मध्वा युर्द्दधद् यज्ञपता वविंह्रुतम् । वात जूतो यो
अभिरक्षत्मना प्रजाः पुपोष पुरुधा विराजति ॥ १ ॥ उदुत्यञ् जातवेद सन्देवं वहन्ति
केतवः । दृशे विश्वाय सूर्यम् ॥ २ ॥ येना पावक चक्षसा भुरण्यन् तञ् जनाँ२ । अनु । त्वं
वरुण पश्यसि ॥ ३ ॥ दैव्या वध्वर्यू आगतछ रथेन सूर्य त्वचा । मध्वा यज्ञछ समञ्जाथे ।
तम् प्रत्क्रथा अयं वेनश्चित्रन् देवानाम् ॥ ४ ॥ तम् प्रत्क्रथा पूर्वथा विश्वथेमथा ज्येष्ठतातिम्
बर्हिषद७ं स्वर्विदम् । प्रतीचीनं वृजनन् दोहसे धुनिमाशुञ् जयन्तमनु या सुवर्द्धसे ॥ ५
॥ अयं वेनश् चोदयत्पृश्नि गर्भा ज्योतिर् जरायू रजसोविमाने । इमम् पा७ं सङ्गमे सूर्यस्य
शिशुन् न विप्रा मतिभीरिहन्ति ॥ ६ ॥ चित्रन् देवानाम् उदगाद् अनीकञ् चक्षुर् मित्रस्य
वरुणस्य अग्नेः । आप्रा द्यावा पृथिवी अन्तरिक्षछ सूर्य आत्मा जगतस् तस्थुषश्च ॥ ७ ॥
आन इडाभिर् विदथे सुशस्ति विश्वानरस् सविता देव एतु । अपियथा युवानो मत्सथा नो
विश्वञ् जगदभि पित्त्वे मनीषा ॥ ८ ॥ यद् अद्य कच्च वृत्रहन्नुदगा अभि सूर्य । सर्वन् तद्
इन्द्र ते वशे ॥ ९ ॥ तरणिर् विश्वदर्शतो ज्योतिष् कृदसि सूर्य । विश्व मा भासि रोचनम् ॥
१० ॥ तत् सूर्यस्य देवत्वन् तन् महित्वम् अध्या कर्त्तोर् विततछ सञ्जभार । यदेदयुक्त
हरितः सधस्थादाद् द्रात्री वासस् तनुते सिमस्मै ॥ ११ ॥ तन् मित्रस्य वरुणस्य अभिचक्षे
सूर्यो रूपङ् कृणुते द्योरुपस्थे । अनन्त मन्यद् द्रुशदस्य पाजः कृष्णमन्यद् धरितः
सम्भरन्ति ॥ १२ ॥ बण्महाँ २ । असि सूर्य बडादित्त्य महाँ२ । असि । महस्ते सतो
महिमा पनस्य तेद्धा देव महाँ२ । असि ॥ १३ ॥ बट् सूर्य श्रवसा महाँ२ । असि सत्रा देव
महाँ२ । असि । मन्न्हा देवानामसुर्यः पुरोहितो विभु ज्योतिर् अदाभ्यम् ॥ १४ ॥ श्रायन्त
इव सूर्य विश्वेद् इन्द्रस्य भक्षत । वसूनि जातेजनमान ओजसा प्रतिभागन् न दीधिम् ॥ १५
॥ अद्या देवा उदिता सूर्यस्य निरछ हंसः पिपृता निरवद् यात् । तन्नो मित्रो वरुणो माम
हन्तामदितिः सिन्धुः पृथिवी उत द्यौः ॥ १६ ॥ आकृष्णेन रजसा वर्त्तमानो
निवेशयन्नमृतम् मर्त्यञ् च । हिरण्य येन सविता रथेना देवो याति भुवनानि पश्यन् ॥ १७॥

अथ पञ्चमोऽध्यायः Namakam 5th Chapter

Honoring the good, the bad, the beautiful and the ugly. Being grateful for life and death, property and resources, health and relationships, moods and transitions.

Mādhyandina-Vājasaneyi-Saṁhitā Chapter 16 Verses 1-66
https://www.youtube.com/watch?v=y5AdRiT2wq0

हरिः ॐम । भूर् भुवस् स्वः ।
ॐ नमस्ते रुद्र मन्यव उतोत इषवे नमः । बाहुभ्यामुत ते नमः । १ । या ते रुद्र शिवा
तनूरघोराऽपापकाशिनी । तया नस्तन्वा शन्तमया गिरिशन्ताभिचाकशीहि । २ ।
यामिषुङ्गिरिशन्त हस्ते बिभर्ष्यस्तवे । शिवाङ् गिरित्र ताङ् कुरु मा हिꣳसीः पुरुषञ् जगत्
। ३ । शिवेन वचसा त्वा गिरिशाच्छावदामसि । यथा नः सर्वमिजगदयक्ष्मꣳ सुमना असत्
।४ । अध्यवोचदधिवक्ता प्रथमो दैव्यो भिषक् । अहीꣳश्च सर्वाञ् जम्भयन्त्सर्वाश्च
यातुधान्योऽधराचीः परासुव ।५ । असौ यस्ताम्रो अरुण उत बभ्रुः सुमङ्गलः । ये चैनꣳ
रुद्रा अभितो दिक्षु श्रिताः सहस्रशोऽवैषाꣳ हेड ईमहे ।६ । असौ योऽवसर्पति नीलग्रीवो
विलोहितः । उतैनङ्गोपा अदृशन्नदृशन् नुदहार्यः स दृष्टो मृडयाति नः ।७ । नमोस्तु
नीलग्रीवाय सहस्राक्षाय मीढुषे । अथो ये अस्य सत्त्वानोऽहन् तेभ्योऽकरन् नमः । ८ ।
प्रमुञ्च धन्वनस् त्वम् उभयो रात्न्योर्ज्याम् । याश्च ते हस्त इषवः परा ता भगवो वप । ९ ।
विज्यन् धनुः कपर्दिनो विशल्यो बाणवाँ२ । उत । अनेशन्नस्य याऽइषव आभुरस्य
निषङ्गधिः । १० । या ते हेतिर्मीढुष्टम हस्ते बभूव ते धनुः । तयाऽस्मान्
विश्वतस्त्वमयक्ष्मया परिभुज । ११ । परि ते धन्वनो हेतिर् अस्मान् वृणक्तु विश्वतः । अथो
यऽइषुधिस्तवारे अस्मन् निधेहि तम् । १२ । अवतत्त्य धनुष्ट्वꣳ सहस्राक्ष शतेषुधे । निशीर्य
शल्यानाम् मुखा शिवो नः सुमना भव । १३ । नमस्त आयुधायानातताय धृष्णवे ।
उभाभ्यामुत ते नमो बाहुभ्यान् तव धन्वने । १४ । मा नो महान्तमुत मा नो अर्भकं मा न
उक्षन्तमुत मा न उक्षितम् । मा नोऽवधीः पितरं मोत मातरं मा नः प्रियास्तन्वो रुद्र रीरिषः
। १५ । मा नस्तोके तनये मा न आयुषि मा नो गोषु मा नो अश्वेषु रीरिषः । मा नो वीरान्
रुद्र भामिनो वधीर् हविष्मन्तः सदमित्त्वा हवामहे । १६ ।

नमो हिरण्यबाहवे सेनान्ये दिशाञ्च पतये नमो नमो वृक्षेभ्यो हरिकेशेभ्यः पशूनां पतये नमो नमः शष्पिञ्जराय त्विषीमते पथीनां पतये नमो नमो हरिकेशायोपवीतिने पुष्टानां पतये नमो । १७ । नमो बभ्लुशाय व्याधिनेऽन्नानां पतये नमो नमो भवस्य हेत्यै जगतां पतये नमो नमो रुद्रायाततायिने क्षेत्राणां पतये नमो नमः सूतायाहन्त्यै वनानां पतये नमो । १८ । नमो रोहिताय स्थपतये वृक्षाणां पतये नमो नमो भुवन्तये वारिवस्कृता यौषधीनां पतये नमो नमो मन्त्रिणे वाणिजाय कक्षाणां पतये नमो नम उच्चैर् घोषाया क्रन्दयते पत्तीनां पतये नमो । १९ ।

नमः कृत्स्नायतया धावते सत्त्वनां पतये नमो नमः सहमानाय निव्याधिन आव्याधिनीनां पतये नमो नमो निषङ्गिणे ककुभाय स्तेनानां पतये नमो नमो निचेरवे परिचरायारण्यानां पतये नमो । २० । नमो वञ्चते परिवञ्चते स्तायूनां पतये नमो नमो निषङ्गिणे इषुधिमते तस्कराणां पतये नमो नमः सृकायिभ्यो जिघांꣳसद्भ्यो मुष्णतां पतये नमो नमोऽसिमद्भ्यो नक्तंचरद्भ्यो विकृन्तानां पतये नमः । २१ । नम उष्णीषिणे गिरिचराय कुलुञ्चानां पतये नमो नम इषुमद्भ्यो धन्वाविभ्यश्च वो नमो नम आतन्वानेभ्यः प्रतिदधानेभ्यश्च वो नमो नम आयच्छद्भ्यो स्यद्भ्यश्च वो नमो । २२ । नमो विसृजद्भ्यो विध्यद्भ्यश्च वो नमो नमः स्वपद्भ्यो जाग्रद्भ्यश्च वो नमो नमः शयानेभ्य आसीनेभ्यश्च वो नमो नमस् तिष्ठद्भ्यो धावद्भ्यश्च वो नमो । २३ ।

नमः सभाभ्यः सभापतिभ्यश्च वो नमो नमोऽश्वेभ्योऽश्वपतिभ्यश्च वो नमो नम आव्याधिनीभ्यो विविध्यन्तीभ्यश्च वो नमो नम उगणाभ्यस्तृꣳहतीभ्यश्च वो नमो । २४ । नमो गणेभ्यो गणपतिभ्यश्च वो नमो नमो व्रातेभ्यो व्रातपतिभ्यश्च वो नमो नमो गृत्सेभ्यो गृत्सपतिभ्यश्च वो नमो नमो विरूपेभ्यो विश्वरूपेभ्यश्च वो नमो । २५ । नमः सेनाभ्यः सेनानिभ्यश्च वो नमो नमो रथिभ्योऽरथेभ्यश्च वो नमो नमः क्षत्तृभ्यः सङ्ग्रहीतृभ्यश्च वो नमो नमो महद्भ्यो अर्भकेभ्यश्च वो नमः । २६ । नमस् तक्षभ्यो रथकारेभ्यश्च वो नमो नमः कुलालेभ्यः कुमरिभ्यश्च वो नमो नमो निषादेभ्यः पुञ्जिष्टेभ्यश्च वो नमो नमः श्वनिभ्यो मृगयुभ्यश्च वो नमो । २७ । नमः श्वभ्यः श्वपतिभ्यश्च वो नमो नमो भवाय च रुद्राय च नमः शर्वाय च पशुपतये च नमो नीलग्रीवाय च शितिकण्ठाय च । २८ ।

नमः॑ कप॒र्दिने॑ च॒ व्यु॑प्तकेशाय च॒ नमः॑ सहस्राक्षाय॑ च श॒तध॑न्वने च॒ नमो॑ गिरिश॒याय॑ च शिपिवि॒ष्टाय॑ च॒ नमो॑ मी॒ढुष्ट॑माय॒ चेषु॑मते च॒ । २९ । नमो॑ ह्र॒स्वाय॑ च वाम॒नाय॑ च॒ नमो॑ बृह॒ते च॒ वर्षी॑यसे च॒ नमो॑ वृ॒द्धाय॑ च स॒वृधे॑ च॒ नमो अग्र्या॑य च प्रथ॒माय॑ च॒ । ३० । नम॑ आ॒शवे॑ चाजि॒राय॑ च॒ नमः॒ शीघ्र्या॑य च॒ शीभ्या॑य च॒ नम॒ ऊर्म्या॑य चावस्व॒न्या॑य च॒ नमो॑ नादे॒याय॑ च॒ द्वीप्या॑य च । ३१ ।

नमो॑ ज्ये॒ष्ठाय॑ च कनि॒ष्ठाय॑ च॒ नमः॑ पूर्व॒जाय॑ चापर॒जाय॑ च॒ नमो॑ मध्य॒माय॑ चापग॒ल्भाय॑ च॒ नमो॑ जघ॒न्या॑य च बु॒ध्न्या॑य च॒ । ३२ । नमः॒ सोभ्या॑य च प्रतिस॒र्या॑य च॒ नमो॒ याम्या॑य च॒ क्षेम्या॑य च॒ नमः॒ श्लोक्या॑य चाऽवसा॒न्या॑य च॒ नम॑ उर्व॒र्या॑य च॒ खल्या॑य च॒ । ३३ । नमो॒ वन्या॑य च॒ कक्ष्या॑य च॒ नमः॑ श्र॒वाय॑ च प्रतिश्र॒वाय॑ च॒ नम॑ आ॒शुषे॑णाय चा॒शुर॑थाय च॒ नमः॒ शूरा॑य चावभे॒दिने॑ च॒ । ३४ । नमो॑ बि॒ल्मिने॑ च कव॒चिने॑ च॒ नमो॑ व॒र्मिणे॑ च वरू॒थिने॑ च॒ नमः॑ श्रु॒ताय॑ च श्रुतसे॒नाय॑ च॒ नमो॑ दुन्दु॒भ्या॑य चाहन॒न्या॑य च॒ । ३५ ।

नमो॑ धृ॒ष्णवे॑ च प्रमृ॒शाय॑ च॒ नमो॑ निष॒ङ्गिणे॑ चेषुधि॒मते॑ च॒ नम॑स्तीक्ष्णे॑षवे चायु॒धिने॑ च॒ नमः॑ स्वायु॒धाय॑ च सु॒धन्व॑ने च॒ । ३६ । नमः॒ स्रुत्या॑य च॒ पथ्या॑य च॒ नमः॒ काट्या॑य च॒ नीप्या॑य च॒ नमः॒ कुल्या॑य च सर॒स्या॑य च॒ नमो॑ नादे॒याय॑ च वैश॒न्ताय॑ च॒ । ३७ । नमः॒ कूप्या॑य चाव॒ट्या॑य च॒ नमो॒ वीध्र्या॑य चात॒प्या॑य च॒ नमो॒ मेघ्या॑य च विद्यु॒त्या॑य च॒ नमो॒ वर्ष्या॑य चाव॒र्ष्याय॑ च॒ । ३८ ।

नमो॒ वात्या॑य च॒ रेष्म्या॑य च॒ नमो॑ वास्त॒व्या॑य च वास्तु॒पाय॑ च॒ नमः॒ सोमा॑य च रु॒द्राय॑ च॒ नम॑स् ता॒म्राय॑ चारु॒णाय॑ च॒ । ३९ । नमः॑ श॒ङ्गवे॑ च पशु॒पत॑ये च॒ नम॑ उ॒ग्राय॑ च भी॒माय॑ च॒ नमो॑ऽग्रेव॒धाय॑ च दूरे॒व॒धाय॑ च॒ नमो॑ ह॒न्त्रे च॒ हनी॑यसे च॒ नमो॑ वृ॒क्षेभ्यो॒ हरि॑केशेभ्यो॒ नम॑स् ता॒राय॑ । ४० । नमः॑ शम्भ॒वाय॑ च मयोभ॒वाय॑ च॒ नमः॑ शङ्क॒राय॑ च मयस्क॒राय॑ च॒ नमः॑ शि॒वाय॑ च शि॒वत॑राय च । ४१ । नमः॒ पार्या॑य चावा॒र्या॑य च नमः॑ प्र॒तर॑णाय चो॒त्तर॑णाय च॒ नम॑स् तीर्थ्या॑य च॒ कूल्या॑य च॒ नमः॒ शष्प्या॑य च॒ फेन्या॑य च॒ । ४२ । नमः॑ सिक॒त्या॑य च प्रवा॒ह्या॑ च॒ नमः॑ किꣳशि॒लाय॑ च॒ क्षय॒णाय॑ च नमः॑ कप॒र्दिने॑ च पुल॒स्तये॑ च॒ नम॑ इरि॒ण्या॑य च प्रप॒थ्या॑य च॒ । ४३ ।

नमो व्रज्याय च गोष्ठ्याय च नमस् तल्प्याय च गेह्याय च नमो हृदय्याय च निवेष्प्याय च नमः काट्याय च गह्वरेष्ठाय च । ४४ । नमः शुष्क्याय च हरित्याय च नमः पांसव्याय च रजस्याय च नमो लोप्याय चोलप्याय च नम ऊर्व्याय च सूर्व्याय च । ४५ । नमः पर्णाय च पर्णशदाय च नम उद्गुरमाणाय चाभिघ्नते च नम आखिदते च प्रखिदते च नम इषुकृद्भ्यो धनुष्कृद्भ्यश्च वो नमो नमो वः किरिकेभ्यो देवानाꣳ हृदयेभ्यो नमो विचिन्वत्केभ्यो नमो विक्षिणत्केभ्यो नम आनिर्हतेभ्यः । ४६ ।

द्रापे अन्धसस्पते दरिद्र नीललोहित । आसां प्रजानाम् एषाम् पशूनाम् मा भेर्माऽरोङ्मो चनः किञ्चनाममत् । ४७ । इमा रुद्राय तवसे कपर्दिने क्षयद्वीराय प्रभरामहे मतीः । यथा शमसद् द्विपदे चतुष्पदे विश्वं पुष्टङ् ग्रामे अस्मिन्ननातुरम् । ४८ । या ते रुद्र शिवा तनूः शिवा विश्वाहा भेषजी । शिवा रुतस्य भेषजी तया नो मृड जीवसे । ४९ । परिणो रुद्रस्य हेतिर्वृणक्तु परि त्वेषस्य दुर्मतिर् अघायोः । अव स्थिरा मघवद्भ्यस्तनुष्व मीढ्वस्तोकाय तनयाय मृड । ५० । मीढुष्टम शिवतम शिवो नः सुमना भव । परमे वृक्ष आयुधन् निधाय कृत्तिं वसान आचर पिनाकं बिभ्रदागहि । ५१ । विकिरिद विलोहित नमस्ते अस्तु भगवः । यास्ते सहस्रꣳ हेतयोऽन्यम् अस्मन्निवपन्तु ताः । ५२ । सहस्राणि सहस्रशो बाह्वोस्तव हेतयः । तासामीशानो भगवः पराचीना मुखा कृधि । ५३ ।

असङ्ख्याता सहस्राणि ये रुद्रा अधि भूम्याम् । तेषाꣳ सहस्रयोजनेऽवधन्वानि तन्मसि । ५४ । अस्मिन् महत्यर्णवेऽन्तरिक्षे भवा अधि । तेषाꣳ सहस्रयोजनेऽवधन्वानि तन्मसि । ५५ । नीलग्रीवाः शितिकण्ठा दिवꣳ रुद्रा उपश्रिताः । तेषाꣳ सहस्रयोजनेऽवधन्वानि तन्मसि । ५६ । नीलग्रीवाः शितिकण्ठाः शर्वा अधः क्षमाचराः । तेषाꣳ सहस्रयोजनेऽवधन्वानि तन्मसि । ५७ । ये वृक्षेषु शष्पिञ्जरा नीलग्रीवा विलोहिताः । तेषाꣳ सहस्रयोजनेऽवधन्वानि तन्मसि । ५८ । ये भूतानाम् अधिपतयो विशिखासः कपर्दिनः । तेषाꣳ सहस्रयोजनेऽवधन्वानि तन्मसि । ५९ । ये पथां पथिरक्षय ऐलबृदा आयुर्युधः । तेषाꣳ सहस्रयोजनेऽवधन्वानि तन्मसि । ६० । ये तीर्थानि प्रचरन्ति सृकाहस्ता निषङ्गिणः । तेषाꣳ सहस्रयोजनेऽवधन्वानि तन्मसि । ६१ । येऽन्नेषु विविध्यन्ति पात्रेषु पिबतो जनान् । तेषाꣳ सहस्रयोजनेऽवधन्वानि तन्मसि । ६२ ।

य एतावन्तश्च भूयाꣳसश्च दिशो रुद्रा वितस्थिरे । तेषाꣳ सहस्रयोजनेऽवधन्वानि तन्मसि ।
६३ । नमोऽस्तु रुद्रेभ्यो ये दिवि येषाँ वर्षमिषवः । तेभ्यो दश प्राचीर्दश दक्षिणा दश
प्रतीचीर्दशोदीचीर्दशोर्ध्वाः । तेभ्यो नमो अस्तु ते नोऽवन्तु ते नो मृडयन्तु ते यन् द्विष्मो
यश्च नो द्वेष्टि तम् एषाञ् जम्भे दध्मः । ६४ । नमोऽस्तु रुद्रेभ्यो येऽन्तरिक्षे येषाँवात इषवः
। तेभ्यो दश प्राचीर्दश दक्षिणा दश प्रतीचीर्दशोदीचीर्दशोर्ध्वाः । तेभ्यो नमो अस्तु ते
नोऽवन्तु ते नो मृडयन्तु ते यन् द्विष्मो यश्च नो द्वेष्टि तम् एषाञ् जम्भे दध्मः । ६५ ।
नमोऽस्तु रुद्रेभ्यो ये पृथिव्यां येषामन्नम् इषवः । तेभ्यो दश प्राचीर्दश दक्षिणा दश
प्रतीचीर्दशोदीचीर्दशोर्ध्वाः । तेभ्यो नमो अस्तु ते नोऽवन्तु ते नो मृडयन्तु ते यन् द्विष्मो
यश्च नो द्वेष्टि तम् एषाञ् जम्भे दध्मः ॥ ६६ ॥

अथ षष्ठोऽध्यायः 6th Chapter

Imploring a safe passage, overcoming temptations and incorrect notions.
https://www.youtube.com/watch?v=QDv46yW5aPA Play from 8min onwards.

हरिः ॐम ।

वयꣳ सोमव्रतेतवमनस् तनूषुबिभ्रतः । प्रजावन्तः सचेमहि ॥ १ ॥ एषते रुद्र भागः
सहस्वस्राऽम्बिकयातञ् जुषस्वस् वाहैषते रुद्र भाग आखुस् ते पशुः ॥ २ ॥ अव रुद्र
मदीह्यवदेवन् त्र्यम्बकम् । यथानोवस्य सस्करद् यथानः श्रेयस स्करद् यथानो
व्यवसाययात् ॥ ३ ॥ भेषजमसि भेषजङ्गवेऽश्वाय पुरुषाय भेषजम् । सुखम् एषायमेष्यै ॥
४ । त्र्यम्बकं यजामहे सुगन्धिम् पुष्टिवर्धनम् । उर्वारुकमिव बन्धनान् मृत्योर् मुक्षीय
माऽमृतात् ॥ त्र्यम्बकं यजामहे सुगन्धिम् पतिवेदनम् । उर्वारुकमिव बन्धनाद् इतो मुक्षीय
मामुतः ॥ ५ ॥ एतत् ते रुद्राऽवसन्तेन परोमूजवतोऽतीहि । अव तत्
अधन्वापिनाकावसः कृत्ति वासा अहिꣳ सन्नः शिवोऽतीहि ॥ ६ ॥ त्र्यायुषञ् जमद्अग्नेः
कश्यपस्य त्र्यायुषम् । यद् देवेषु त्र्यायुषन् तन्नो अस्तु त्र्यायुषम् ॥ ७ ॥ शिवो नामासि
स्वधितिस्ते पिता नमस्ते अस्तु मामाहिꣳ सीः । निवर्त्त याम्यायुषेऽन्नाद्याय प्रजननाय
रायस् पोषाय सुप्रजास्त्वाय सुवीर्याय ॥ ८ ॥

अथ सप्तमोऽध्यायः 7th Chapter

Imploring a dilution of deeply set patterns and emotions, and ushering forgiveness.

हरिः ॐम ।

उग्रश्च भीमश्च ध्वान्तश्च धुनिश्च । सासह्वाँश्चाभियुग्वा च विक्षिपस् स्वाहा ॥ १ ॥ अग्निः
हृदये नाशनिः हृदयाग्रेण पशुपतिङ् कृत्स्न हृदयेन भवं यक्ना । शर्वं मतस्नाभ्यामीशानम्
मन्युना महादेवम् अन्तः पर्शव्येनोग्रन् देवं वनिष्ठुना वसिष्ठहनुः शिङ्गीनि कोश्याभ्याम् ॥ २
॥ उग्रँ लोहितेन मित्रः सौव्रत्येन रुद्रन् दौर्व्रत्ये नेन्द्रम् पक्रीडेन मरुतो बलेन साध्यान्
प्रमुदा । भवस्य कण्ठ्यः रुद्रस्यान्तः । पार्श्व्यं महादेवस्य यकृच्छर्वस्य वनिष्ठुः पशुपतेः
पुरीतत् ॥ ३ ॥ लोम् अभ्यः स्वाहा लोम् अभ्यः स्वाहा त्वचे स्वाहा त्वचे स्वाहा ।
लोहिताय स्वाहा लोहिताय स्वाहा मेदोभ्यः स्वाहा मेदोभ्यः स्वाहा । माꣳसेभ्यः स्वाहा
माꣳसेभ्यः स्वाहा स्नावभ्यः स्वाहा स्नावभ्यः स्वाहा अस्थभ्यः स्वाहा अस्थभ्यः स्वाहा ।
मज्जभ्यः स्वाहा मज्जभ्यः स्वाहा रेतसे स्वाहा पायवे स्वाहा ॥ ४ ॥ आयासाय स्वाहा
प्रायासाय स्वाहा संयासाय स्वाहा वियासाय स्वाहोद्यासाय स्वाहा । शुचे स्वाहा शोचते
स्वाहा शोचमानाय स्वाहा शोकाय स्वाहा ॥ ५ ॥ तपसे स्वाहा तप्यते स्वाहा तप्यमानाय
स्वाहा तप्ताय स्वाहा । घर्माय स्वाहा निष्कृत्यै स्वाहा प्रायश्चित्यै स्वाहा भेषजाय स्वाहा ॥
६ । यमाय स्वाहा अन्तकाय स्वाहा मृत्यवे स्वाहा । ब्रह्मणे स्वाहा ब्रह्महत्यायै स्वाहा
विश्वेभ्यो देवेभ्यः स्वाहा द्यावा पृथिवीभ्याꣳ स्वाहा ॥ ७॥

अथ अष्टमोऽध्यायः Chamakam 8th Chapter

Seeing the oneness in creation, the unity in diversity, the divine in all, and seeking all sorts of wealth and abundance and fulfilment.

Mādhyandina-Vājasaneyi-Saṁhitā Chapter 18 Verses 1-29
https://www.youtube.com/watch?v=StaMxZ-PVTM

हरिः ॐम ।
वाजश्च मे प्रसवश्च मे प्रयतिश्च मे प्रसितिश्च मे धीतिश्च मे क्रतुश्च मे स्वरश्च मे श्लोकश्च मे
श्रवश्च मे श्रुतिश्च मे ज्योतिश्च मे स्वश्च मे यज्ञेन कल्पन्ताम् । १ । प्राणश्च मेऽपानश्च मे
व्यानश्च मेऽसुश्च मे चित्तञ् च म आधीतञ् च मे वाक् च मे मनश्च मे चक्षुश्च मे श्रोत्रञ् च
मे दक्षश्च मे बलञ् च मे यज्ञेन कल्पन्ताम् । २ । ओजश्च मे सहश्च म आत्मा च मे तनूश्च
मे शर्म च मे वर्म च मेऽङ्गानि च मेऽस्थीनि च मे परूꣳषि च मे शरीराणि च म आयुश्च मे
जरा च मे यज्ञेन कल्पन्ताम् । ३ ।

ज्यैष्ठ्यञ् च म आधिपत्यञ् च मे मन्युश्च मे भामश्च मेऽमश्च मेऽम्भश्च मे जेमा च मे महिमा
च मे वरिमा च मे प्रथिमा च मे वर्षिमा च मे द्राघिमा च मे वृद्धञ् च मे वृद्धिश्च मे यज्ञेन
कल्पन्ताम् । ४ । सत्यञ् च मे श्रद्धा च मे जगच्च मे धनञ् च मे विश्वञ् च मे महश्च मे
क्रीडा च मे मोदश्च मे जातञ् च मे जनिष्यमाणञ् च मे सूक्तञ् च मे सुकृतञ् च मे यज्ञेन
कल्पन्ताम् । ५ । ऋतञ् च मेऽमृतञ् च मेऽयक्ष्मञ् च मेऽनामयच्च मे जीवातुश्च मे
दीर्घायुत्वञ् च मेऽनमित्रञ् च मेऽभयञ् च मे सुगञ् च मे शयनञ् च मे सूषा च मे
सुदिनञ् च मे यज्ञेन कल्पन्ताम् । ६ । यन्ता च मे धर्ता च मे क्षेमश्च मे धृतिश्च मे विश्वञ्
च मे महश्च मे संविच्च मे ज्ञात्रञ् च मे सूश्च मे प्रसूश्च मे सीरञ् च मे लयश्च मे यज्ञेन
कल्पन्ताम् । ७ । शञ् च मे मयश्च मे प्रियञ् च मेऽनुकामश्च मे कामश्च मे सौमनसश्च मे
भगश्च मे द्रविणञ् च मे भद्रञ् च मे श्रेयश्च मे वसीयश्च मे यशश्च मे यज्ञेन कल्पन्ताम् । ८
। ऊर्क्च मे सूनृता च मे पयश्च मे रसश्च मे घृतञ् च मे मधु च मे सग्धिश्च मे सपीतिश्च मे
कृषिश्च मे वृष्टिश्च मे जैत्रञ् च म औद्भिद्यञ् च मे यज्ञेन कल्पन्ताम् । ९ ।

र॒यिश्च॑ मे॒ राय॑श्च मे पु॒ष्टञ् च॑ मे॒ पुष्टि॑श्च मे वि॒भु च॑ मे प्र॒भु च॑ मे पू॒र्णञ् च मे पू॒र्णत॑रञ् च मे॒ कुय॑वञ् च॒ मे क्षि॑तञ् च॒ मेऽन्न॑ञ् च॒ मेऽक्षु॑च्च मे य॒ज्ञेन॑ कल्पन्ताम् । १० । वि॒त्तञ् च॑ मे॒ वेद्य॑ञ्च मे भू॒तञ् च॑ मे भवि॒ष्यच्च॑ मे सु॒गञ् च॑ मे सु॒पत्थ्य॑ञ्च म ऋ॒द्धञ् च॑ म॒ ऋद्धि॑श्च मे क्लृ॒प्तञ् च मे॒ क्लृप्ति॑श्च मे म॒तिश्च॑ मे सु॒मतिश्च॑ मे य॒ज्ञेन॑ कल्पन्ताम् । ११ । व्री॒हय॑श्च मे॒ यवा॑श्च मे॒ माषा॑श्च मे॒ तिला॑श्च मे मु॒द्गाश्च॑ मे॒ ख॒ल्वा॑श्च मे प्रि॒यङ्ग॑वश्च॒ मेऽणव॑श्च मे श्या॒माका॑श्च मे नी॒वारा॑श्च मे गो॒धूमा॑श्च मे म॒सुरा॑श्च मे य॒ज्ञेन॑ कल्पन्ताम् । १२ ।

अश्मा॑ च मे॒ मृत्ति॑का च मे गि॒रय॑श्च मे॒ पर्व॑ताश्च मे॒ सिक॑ताश्च मे॒ वन॒स्पत॑यश्च मे॒ हिर॑ण्यञ् च॒ मेऽय॑श्च मे श्या॒मञ् च॑ मे लो॒हञ् च॑ मे॒ सीस॑ञ् च मे॒ त्रपु॑ च मे य॒ज्ञेन॑ कल्पन्ताम् । १३ । अ॒ग्निश्च॑ म॒ आप॑श्च मे वी॒रुध॑श्च म॒ ओष॑धयश्च मे कृष्टप॒च्याश्च॑ मेऽकृष्टप॒च्याश्च॑ मे ग्रा॒म्याश्च॑ मे प॒शव॑ आर॒ण्याश्च॑ मे वि॒त्तञ् च॑ मे॒ वित्ति॑श्च मे भू॒तञ् च॑ मे॒ भूति॑श्च मे य॒ज्ञेन॑ कल्पन्ताम् । १४ । वसु॑ च मे वस॒तिश्च॑ मे॒ कर्म॑ च मे॒ शक्ति॑श्च॒ मेऽर्थ॑श्च म॒ एम॑श्च मऽइ॒त्या च॑ मे॒ गति॑श्च मे य॒ज्ञेन॑ कल्पन्ताम् । १५ ।

अ॒ग्निश्च॑ म॒ इन्द्र॑श्च मे॒ सोम॑श्च म॒ इन्द्र॑श्च मे सवि॒ता च॑ म॒ इन्द्र॑श्च मे॒ सर॑स्वती च म॒ इन्द्र॑श्च मे पू॒षा च॑ म॒ इन्द्र॑श्च मे॒ बृह॒स्पति॑श्च म॒ इन्द्र॑श्च मे य॒ज्ञेन॑ कल्पन्ताम् । १६ । मि॒त्रश्च॑ म॒ इन्द्र॑श्च मे॒ वरु॑णश्च म॒ इन्द्र॑श्च मे धा॒ता च॑ म॒ इन्द्र॑श्च मे॒ त्वष्टा॑ च म॒ इन्द्र॑श्च मे म॒रुत॑श्च॒ म॒ इन्द्र॑श्च मे॒ विश्वे॑ च मे दे॒वा इन्द्र॑श्च मे य॒ज्ञेन॑ कल्पन्ताम् । १७ । पृ॒थि॒वी च॑ म॒ इन्द्र॑श्च मे॒ऽन्तरि॑क्षञ् च म॒ इन्द्र॑श्च मे॒ द्यौश्च॑ म॒ इन्द्र॑श्च श्च मे॒ समा॑श्च म॒ इन्द्र॑श्च मे॒ नक्ष॑त्राणि च म॒ इन्द्र॑श्च मे दिश॑श्च म॒ इन्द्र॑श्च मे य॒ज्ञेन॑ कल्पन्ताम् । १८ ।

अ॒ꣳशुश्च॑ मे र॒श्मिश्च॒ मेऽदा॑भ्यश्च॒ मेऽधि॑पतिश्च म उपा॒ꣳशुश्च॑ मेऽन्तर्या॒मश्च॑ म ऐन्द्रवाय॒वश्च॑ मे मैत्राव॒रु॒णश्च॑ म आश्वि॒नश्च॑ मे प्रतिप्र॒स्थान॑श्च मे शु॒क्रश्च॑ मे म॒न्थी च॑ मे य॒ज्ञेन॑ कल्पन्ताम् । १९ । आ॒ग्र॒य॒णश्च॑ मे वैश्वदे॒वश्च॑ मे ध्रु॒वश्च॑ मे वैश्वान॒रश्च॑ म ऐन्द्रा॒ग्नश्च॑ मे म॒हावै॑श्वदेवश्च॑ मे मरुत्त्वतीया॑श्च मे॒ निष्के॑वल्यश्च मे सा॒वि॒त्रश्च॑ मे सारस्व॒तश्च॑ मे पात्क्नीव॒तश्च॑ मे हारियोज॒नश्च॑ मे य॒ज्ञेन॑ कल्पन्ताम् । २० । स्रु॒चश्च॑ मे च॒म॒साश्च॑ मे वाय॒व्यानि च मे द्रोणकल॒शश्च॑ मे॒ ग्रावा॑णश्च मेऽधि॒षव॑णे च मे पूत॒भृच्च॑ म आधव॒नीय॑श्च मे॒ वेदि॑श्च मे ब॒र्हिश्च॑ मेऽवभृ॒थश्च॑ मे स्वगाका॒रश्च॑ मे य॒ज्ञेन॑ कल्पन्ताम् । २१ ।

अग्निश्च मे घर्मश्च मेऽर्कश्च मे सूर्यश्च मे प्राणश्च मेऽश्वमेधश्च मे पृथिवी च मेऽदितिश्च मे दितिश्च मे द्यौश्च मेऽङ्गुलयश् शक्करयो दिशश्च मे यज्ञेन कल्पन्ताम् । २२ । व्रतञ् च मऽऋतवश्च मे तपश्च मे संवत्सरश्च मेऽहोरात्रे ऊर्वष्ठीवे बृहद्रथन्तरे च मे यज्ञेन कल्पन्ताम् । २३ ।

एका च मे तिस्रश्च मे तिस्रश्च मे पञ्च च मे पञ्च च मे सप्त च मे सप्त च मे नव च मे नव च म एकादश च म एकादश च मे त्रयोदश च मे त्रयोदश च मे पञ्चदश च मे पञ्चदश च मे सप्तदश च मे सप्तदश च मे नवदश च मे नवदश च म एकविंशतिश्च म एकविंशतिश्च मे त्रयोविंशतिश्च मे त्रयोविंशतिश्च मे पञ्चविंशतिश्च मे पञ्चविंशतिश्च मे सप्तविंशतिश्च मे सप्तविंशतिश्च मे नवविंशतिश्च मे नवविंशतिश्च म एकत्रिंशच्च म एकत्रिंशच्च मे त्रयस्त्रिंशच्च मे यज्ञेन कल्पन्ताम् । २४ । चतस्रश्च मेऽष्टौ च मे अष्टौ च मे द्वादश च मे द्वादश च मे षोडश च मे षोडश च मे विंशतिश्च मे विंशतिश्च मे चतुर्विंशतिश्च मे चतुर्विंशतिश्च मेऽष्टाविंशतिश्च मे अष्टाविंशतिश्च मे द्वात्रिंशच्च मे द्वात्रिंशच्च मे षट्त्रिंशच्च मे षट्त्रिंशच्च मे चत्वारिꣳशच्च मे चत्वारिꣳशच्च मे चतुश्चत्वारिंशच्च मे चतुश्चत्वारिंशच्च मेऽष्टाचत्वारिंशच्च मे यज्ञेन कल्पन्ताम् । २५ । त्र्यविश्च मे त्र्यवी च मे दित्यवाट् च मे दित्यौही च मे पञ्चाविश्च मे पञ्चावी च मे त्रिवत्सश्च मे त्रिवत्सा च मे तुर्यवाट् च मे तुर्यौही च मे यज्ञेन कल्पन्ताम् । २६ । पष्ठवाट् च मे पष्ठौही च म उक्षा च मे वशा च म ऋषभश्च मे वेहच्च मेऽनड्वाँश्च मे धेनुश्च मे यज्ञेन कल्पन्ताम् । २७ ।

वाजाय स्वाहा प्रसवाय स्वाहाऽपिजाय स्वाहा क्रतवे स्वाहा वसवे स्वाहाऽहर्पतये स्वाहा ह्वेमुग्धाय स्वाहा मुग्धाय वैनंशिनाय स्वाहा विनꣳशिन आन्त्यायनाय स्वाहाऽन्त्याय भौवनाय स्वाहा भुवनस्य पतये स्वाहाऽधिपतये स्वाहा प्रजापतये स्वाहा । इयन्तेराण् मित्राय यन्तासि यमन ऊर्जेत्त्वा वृष्ट्यैत्त्वा प्रजानांत्त्वाधिपत्त्याय । २८ । आयुर् यज्ञेन कल्पतां प्राणो यज्ञेन कल्पताञ् चक्षुर्यज्ञेन कल्पताꣳ श्रोत्रं यज्ञेन कल्पतां वाग् यज्ञेन कल्पतां मनो यज्ञेन कल्पताम् आत्मा यज्ञेन कल्पतां ब्रह्मा यज्ञेन कल्पताञ् ज्योतिर् यज्ञेन कल्पताꣳ स्वर् यज्ञेन कल्पतां पृष्ठं यज्ञेन कल्पतां यज्ञो यज्ञेन कल्पताम् । स्तोमश्च यजुश्च ऋक् च साम च बृह च रथन्तरञ् च । स्वर् देवा अगन्मामृता अभूम प्रजापतेः प्रजा अभूम वेट् स्वाहा ॥ २९ ॥

अथ शान्ति अध्यायः Shanti

Ultimate Peace as the universal goal.

हरिः ॐम ।

ऋचं वाचं प्रपद्ये मनो यजुः प्रपद्ये साम प्राणं प्रपद्ये चक्षुः श्रोत्रं प्रपद्ये । वागोजः सहौजो मयि प्राणापानौ ॥ १ ॥ यन् मे छिद्रञ् चक्षुषो हृदयस्य मनसो वाति तृण्णम् बृहस्पतिर् मे तद् दधातु । शन् नो भवतु भुवनस्य यस्पतिः ॥ २ ॥

भूर् भुवः स्वः । तत् सवितुर् वरेण्यम् भर्गो देवस्य धीमहि । धियो यो नः प्रचोदयात् ॥ ३ ॥

कयानश् चित्र आभुवदूती सदावृधः सखा । कयाशचिष्ठया वृता ॥ ४ । कस्त्वा सत्यो मदानामꣳ हिंष्टो मत् सुदन्धसः । दृढाचि दारु जेवसु ॥ ५ ॥ अभिषुणः सखी नामविता जरितॄणाम् । शतम् भवास्यूतिभिः ॥ ६ । कया त्वन्न ऊत्त्याभि प्रमन्दसेवृषन् । कया स्तोतृभ्य आभर ॥ ७ । इन्द्रो विश्वस्य राजति ।

शन् नो अस्तु द्विपदे शञ् चतुष्पदे ॥ ८ ॥

शन् नो मित्रः शं वरुणः शन् नो भवत् वर्यमा । शन् न इन्द्रो बृहस्पतिः शन् नो विष्णुर् उरुक्रमः ॥ ९ ॥ शन् नो वातः पवताꣳ शन् नस् तपतु सूर्यः । शन् नः कनिक्रद देवः पर्जन्यो अभिवर्षतु ॥ १० ॥ अहानि शम् भवन्तु नः शꣳ रात्रीः प्रतिधीयताम् । शन् न इन्द्राग्नी भवतामवोभिः शन् न इन्द्रावरुणारात हव्या । शन् न इन्द्रापूषणा वाजसातौ शम् इन्द्रासोमा सुविताय शं योः ॥ ११ ॥

शन् नो देवीरभिष्टय आपो भवन्तु पीतये । शं योर भिस्रवन्तुनः ॥ १२ ॥

स्योना पृथिवि नो भवान् ऋक्षरा निवेशनी । यच्छा नः शर्मस प्रथाः ॥ १३ ॥

आपो हिष्ठा मयो भुवस् तान ऊर्जे दधातन । महेरणाय चक्षसे ॥ १४ ॥ यो वः शिव तमो रसस् तस्य भाजयते ह नः । उशतीरिव मातरः ॥ १५ ॥ तस्मा अरङ्ग माम वो यस्य क्षयाय जिन्वथ । आपो जन यथा च नः ॥ १६ ॥

॥ द्यौः शान्तिर् अन्तरिक्षꣳ शान्तिः पृथिवी शान्तिर् आपः शान्तिर् ओषधयः शान्तिः । वनस्पतयः शान्तिर् विश्वे देवाः शान्तिर् ब्रह्म शान्तिः सर्वꣳ शान्तिः शान्तिरेव शान्तिः सामा शान्तिरेधि ॥ १७ ॥

दृतेदृꣳ हमा मित्रस्य मा चक्षुषा सर्वाणि भूतानि समीक्षन्ताम् । मित्रस्य अहञ् चक्षुषा सर्वाणि भूतानि समीक्षे । मित्रस्य चक्षुषा समीक्षामहे ॥ १८ ॥ दृतेदृꣳ हमा । ज्योक्ते सन्दृशि जीव्या सञ् ज्योक्ते सन्दृशि जीव्यासम् ॥ १९ ॥

नमस्ते हरसे शोचिषे नमस्ते अस्तु अर्चिषे । अन्याँस् ते अस्मत् तपन्तु हेतयः पावको अस्मभ्यꣳ शिवो भव ॥ २० ॥ नमस्ते अस्तु विद्युते नमस्तेस् तनयित्नवे । नमस्ते भगवन् अस्तु यतः स्वः समीहसे ॥ २१ ॥

यतो यतः समीहसे ततो नो अभयङ् कुरु । शन् नः कुरु प्रजाभ्योऽभयन् नः पशुभ्यः ॥ २२ ॥ सुमित्रि यान आप ओषधयः सन्तु दुर्मित्रि यास् तस्मै सन्तु योऽस्मान् द्वेष्टि यञ् च वयन् द्विष्मः ॥ २३ ॥ तच्चक्षुर् देवहितम् पुरस्ताच्छुक्रम् उच्चरत् । पश्येम शरदः शतञ् जीवेम शरदः शतꣳ शृणुयाम शरदः शतं प्रब्रवाम शरदः शत मदीनाः स्याम शरदः शतं भूयश्च शरदः शतात् ॥ २४ ॥

अथ स्वस्ति प्रार्थना मन्त्र अध्यायः Svasti

Showering ultimate goodwill and Blessings on entire creation; all beings, flora and fauna; even wishing well for the troublesome neighbors and cunning strangers, and dropping of all enmity in a sense of absolute gratefulness.

हरिः ॐम ।

स्वस्ति न इन्द्रो वृद्धश्रवाः । स्वस्ति नः पूषा विश्ववेदाः । स्वस्ति नस्ताक्ष्र्यो अरिष्टनेमिः । स्वस्ति नो बृहस्पतिर् दधातु ॥ १ ॥

ॐ पयः पृथिव्यां पय ओषधीषु पयो दिव्यन्तरिक्षे पयो धाः । पयस्वतीः प्रदिशः सन्तु मह्यम् ॥ २ ॥

ॐ विष्णोर् अराट मसि विष्णोः श्नप्त्रेस्थो विष्णोः स्यूरसि विष्णोर् ध्रुवोऽसि । वैष्णवमसि विष्णवेत्त्वा ॥ ३ ॥

ॐ अग्निर् देवता वातो देवता सूर्यो देवता चन्द्रमा देवता वसवो देवता रुद्रा देवताऽऽदित्या देवता मरुतो देवता विश्वेदेवा देवता बृहस्पतिर् देवतेन्द्रो देवता वरुणो देवता ॥ ४ ॥

ॐ सद्योजातं प्रपद्यामि सद्योजाताय वै नमो नमः । भवे भवे नातिभवे भवस्व माम् । भवोद्भवाय नमः ॥ ५ ॥

वामदेवाय नमो ज्येष्ठाय नमः श्रेष्ठाय नमो रुद्राय नमः कालाय नमः कलविकरणाय नमो बलविकरणाय नमो बलाय नमो बलप्रमथनाय नमस् सर्वभूतदमनाय नमो मनोन्मनाय नमः ॥ ६ ॥

अघोरेभ्योऽथ् अघोरेभ्यो घोरघोरतरेभ्यः । सर्वेभ्यः सर्वशर्वेभ्यो नमस्ते अस्तु रुद्ररूपेभ्यः ॥ ७ ॥

तत्पुरुषाय विद्महे महादेवाय धीमहि । तन्नो रुद्रः प्रचोदयात् ॥ ८ ॥

ईशानः सर्वविद्यानाम् ईश्वरः सर्वभूतानां ब्रह्माधिपतिर् ब्रह्मणोऽधिपतिर् ब्रह्मा शिवो मे अस्तु सदा शिवोम् ॥ ९ ॥

ॐ शिवो नामासि स्वधितिस्ते पिता नमस्ते अस्तु मामाहिꣳसीः । निवर्त्तयाम् यायुषेऽन्नाद्याय प्रजननाय रायस् पोषाय सुप्रजास् त्वाय सुवीर्याय ॥ १० ॥

ॐ विश्वानि देव सवितर् दुरितानि परासुव । यद् भद्रन् तन आसुव ॥ ११ ॥

ॐ द्यौः शान्तिर् अन्तरिक्षꣳ शान्तिः पृथिवी शान्तिर् आपः शान्तिर् ओषधयः शान्तिः । वनस्पतयः शान्तिर् विश्वेदेवाः शान्तिर् ब्रह्म शान्तिः सर्वꣳ शान्तिः शान्तिरेव शान्तिः सामा शान्तिरेधि ॥ १२ ॥

ॐ सर्वेषां वा एष वेदानाꣳ रसो यत् साम सर्वेषाम् एवैनम् एतद् वेदानाꣳ रसे नाभिषिञ्चति ॥ १३ ॥

ॐ शान्तिः शान्तिः शान्तिः । सुशान्तिर् भवतु । सर्वारिष्ट शान्तिर् भवतु ॥

॥ इति रुद्राष्टाध्यायी समाप्ता ॥ end

यद् अक्षरं पदं भ्रष्टं मात्राहीनं तु यद् भवेत् । तत् सर्वं क्षम्यतां देव प्रसीद परमेश्वर । विसर्गबिन्दुमात्राणि पदपादाक्षराणि च । न्यूनानि चातिरिक्तानि क्षमस्व परमेश्वर । अन्यथा शरणं नास्ति त्वमेव शरणं मम । तस्मात् कारुण्य भावेन रक्ष रक्ष परमेश्वर ॥ ॐ नमः पार्वतीपतये हर हर महादेव ॥ ॐ श्री साम्ब-सदा-शिव-अर्पणमस्तु ॥

Devanagari Latin Transliteration

South Indian Tradition

Devanagari to Latin iso15919 standard

http://www.iso.org/iso/iso_catalogue/catalogue_tc/catal
ogue_detail.htm?csnumber=28333

Devanagari Transliteration Tool

https://www.ashtangayoga.info/sanskrit/

Siddhanta font by Mihail Bayaryn

http://svayambhava.blogspot.in/p/siddhanta-
devanagariunicode-open-type.html

e.g.

namas sōmāya ca rudrāya ca

नमस् सोमाय च रुद्राय च

namaś śaṅkarāya ca mayaskarāya ca

नमश् शङ्कराय च मयस्कराय च

namaḥ śivāya ca śivatarāya ca

नमः शिवाय च शिवतराय च

Note: Transliteration doesn't have Vedic Svara

Devanagari Latin iso15919 Transliteration Chart

a	ā	i	ī	u	ū	r̥	r̥̄	l̥	
अ	आ	इ	ई	उ	ऊ	ऋ	ॠ	ऌ	
ē	ai	ō	au	ṁ	m̐	ḥ			
ए	ऐ	ओ	औ	◌ं	◌ँ	◌ः			
k	क	c	च	ṭ	ट	t	त	p	प
kh	ख	ch	छ	ṭh	ठ	th	थ	ph	फ
g	ग	j	ज	ḍ	ड	d	द	b	ब
gh	घ	jh	झ	ḍh	ढ	dh	ध	bh	भ
ṅ	ङ	ñ	ञ	ṇ	ण	n	न	m	म
y	r	l	v		ḷ	'			
य	र	ल	व		ळ	ऽ			
ś	ṣ	s	h						
श	ष	स	ह						

Consonant without vowel, k = क्

Consonant with vowel, ka = क

ācamanam
oṁ keśavāya namaḥ oṁ acyutāya namaḥ oṁ anantāya namaḥ ।

prāṇāyāmaḥ
oṁ bhūḥ oṁ bhuvaḥ oṁ suvaḥ oṁ mahaḥ oṁ janaḥ oṁ tapaḥ oṁ satyam । oṁ tat svitur vareṇyaṁ bhargo devasy dhīmahi dhiyo yo naḥ pracdoyāt ॥

pavamāna sūktam

oṁ pavamānas suvarjanaḥ । pavitrēṇa vicarṣaṇiḥ । ya× pōtā sa punātu mā ॥5॥ punantu mā dēvajanāḥ । punantu manavō dhiyā । punantu viśva āyavaḥ ॥6॥ jātavēda× pavitravat । pavitrēṇa punāhi mā । śukrēṇa dēvadīdyat । agnē kr̥tvā kratū~ ranū ॥7॥ yattē pavitram arciṣi । agnē vitatamantarā । brahma tēna punīmahē ॥8॥ ubhābhyāṁ dēvasavitaḥ । pavitrēṇa savēna ca । idaṁ brahma punīmahē ॥9॥ vaiśvadēvī punatī dēvyāgāt । yasyai bahvīs tanuvō vītapr̥ṣṭhāḥ । tayā madantaḥ sadhamād yēṣu । vaya~ syāma patayō rayīṇām ॥10॥ vaiśvānarō raśmibhir mā punātu ।

vātaḥ prāṇēnēṣirō mayō bhūḥ । dyāvāpr̥thivī payasā payōbhiḥ । r̥tāvarī yajñiyē mā punītām ॥11॥ br̥hadbhiḥ savitastr̥bhiḥ । varṣiṣṭhair dēvamanmabhiḥ । agnē dakṣaiḥ punāhi mā ॥12॥ yēna dēvā apunata । yēnāpō divyaṁkaśaḥ । tēna divyēna brahmaṇā । idaṁ brahma punīmahē ॥13॥ yax pāvamānīr addhyēti । r̥ṣibhis saṁbhr̥taḵ rasam । sarvaḵ sa pūtam aśnāti । svaditaṁ mātariśvanā ॥14॥ pāvamānīr yō adhyēti । r̥ṣibhis saṁbhr̥taḵ rasam । tasmai sarasvatī duhē । kṣīraḵ sarpir madhūdakam ॥15॥ pāvamānīs svastyayanīḥ । sudughāhi payasvatīḥ । r̥ṣibhis saṁbhr̥tō rasaḥ । brāhmaṇēṣvamr̥taḵ hitam ॥16॥ pāvamānīr diśantu naḥ । imaṁ lōkam athō amum । kāmān-thsamardhayantu naḥ । dēvīr dēvaiḥ samābhr̥tāḥ ॥17॥ pāvamānīs svastyayanīḥ । sudughāhi ghr̥taścutaḥ । r̥ṣibhis saṁbhr̥tō rasaḥ । brāhmaṇēṣu amr̥taḵ hitam ॥18॥ yēna dēvāx pavitrēṇa । ātmānaṁ punatē sadā । tēna sahasradhārēṇa । pāvamānyax punantu mā ॥19॥ prājāpatyaṁ pavitram । śatōdyāmaḵ hiraṇmayam । tēna brahma vidō vayam । pūtaṁ brahma punīmahē ॥20॥ indras sunītī sahamā punātu । sōmas svastyā varuṇas samīcyā । yamō rājā pramr̥ṇābhix punātu mā । jātavēdā mōr jayantyā punātu ॥21॥

bhūrbhuvassuvaḥ ॥

oṁ tacchaṁ yōrāvr̥ṇīmahē । gātuṁ yajñāya । gātuṁ yajñapatayē । daivīs svastir astu naḥ । svastir mānuṣēbhyaḥ । ūrdhvaṁ jigātu bhēṣajam । śannō astu dvipadē । śaṁ catuṣpadē । oṁ śāntiś śāntiś śāntiḥ ॥

ghaṇṭānādam

nāda-śabda-mahiṁ ghaṇṭāṁ sarva vighnō prahāriṇīm । pūjayē sarva mantrēṇa dēvasya prīti kāraṇāt ॥ āgamārthaṁ tu dēvānāṁ gamanārthaṁ tu rakṣasām । ādau ghaṇṭāravaṁ nityam devatā āhvāna lāñchanam ॥

atha bhū-śuddhiḥ

viṣṇu-śakti-samutpanne śaṅkhavarṇe mahītale । anēka ratna sampannē bhūmīdēvī namōstutē ॥

atha āsana-śuddhiḥ

pr̥thvi tvayā dhr̥tā lōkā dēvitvaṁ viṣṇunā dhr̥tā । tvaṁ ca dhāraya māṁ dēvi pavitraṁ kuru cāsanaṁ ॥

Invoking bhairavaḥ

tīkṣṇa daṁṣṭra mahākāya kalpānta dahanōpama ।
bhairavāya namastubhyaṁ anujñāṁ dātumarhasi ॥

śrīgaṇēśa-dvādaśa-nāma-stōtram

sumukhaścaikadantaśca kapilō gajakarṇakaḥ ।
lambōdaraśca vikaṭō vighnanāśō vināyakaḥ ।
dhūmrakēturgaṇādhyakṣō bhālacandrō gajānanaḥ ।
dvādaśaitāni nāmāni yaḥ paṭhēt śr̥ṇuyādapi ॥
vidyārambhē vivāhē ca pravēśē nirgamē tathā ।
saṅgrāmē saṅkaṭē caiva vighnaḥ tasya na jāyatē ॥
vidyārthī labhatē vidyāṁ dhanārthī vipulaṁ dhanam
। iṣṭakāmaṁ tu kāmārthī dharmārthī
mōkṣamakṣayam ॥

maṅgalacaraṇam

śuklāmbaradharaṁ viṣṇuṁ śaśivarṇaṁ caturbhujam ।
prasannavadanaṁ dhyāyēt sarvavighnōpaśāntayēḥ ॥
tadēva lagnaṁ sudinaṁ tadēva tārābalaṁ
caṁdrabalaṁ tadēva । vidyā balaṁ daivabalaṁ
tadēva lakṣmīpatēḥ tē aṅghriyugaṁ smarāmi ॥

oṁ śrī lakṣmī-nārāyaṇābhyāṁ namaḥ । oṁ śrī umā-maheśvarābhyāṁ namaḥ । oṁ śrī vāṇīhiraṇyagarbhābhyāṁ namaḥ । oṁ śrī sītā-rāmābhyāṁ namaḥ । oṁ śrī śacī-purandarābhyāṁ namaḥ । oṁ śrī aruṇadhati-vaśiṣṭābhyāṁ namaḥ । oṁ durgāyai namaḥ । oṁ gaṇapatayē namaḥ । oṁ kṣētrapālāya namaḥ । oṁ vāstupuruṣāya namaḥ । oṁ mātr̥bhyō namaḥ । oṁ pitr̥bhyō namaḥ । oṁ gurubhyō namaḥ । oṁ ācāryēbhyō namaḥ । oṁ iṣṭadēvatābhyō namaḥ । oṁ kuladēvatābhyō namaḥ । oṁ grāmādidēvatābhyō namaḥ । oṁ sarvēbhyō dēvēbhyō namaḥ । oṁ sarvābhyō dēvatābhyō namaḥ । oṁ sarvēbhyō brāhmaṇēbhyō namaḥ । oṁ śrīmad bhagavat bauddhāyana-ācāryēbhyō namaḥ ।

avighnamastu

vakratuṇḍa mahākāya sūryakōṭisamaprabha ।
nirvighnaṁ kuru mē dēva sarvakāryēṣu sarvadā ॥

saṅkalpam

śubhē śōbhanē muhūrtē ... prārambha-kāla-sumuhūrtamastu

oṁ viṣṇuḥ viṣṇuḥ viṣṇōrājñayā pravartamānasya adya brahmaṇaḥ dvitīya praharārddhē śrī śvēta-varāha-kalpē vaivasvatamanvantarē kaliyugē aṣṭāviṁśati-tamē tat prathama-pādē jambū-dvīpē bharata-khaṇḍē bhārata-varṣē mahāmērōḥ [paścimē] digbhāgē [dakṣiṇē] pārśvē [śrīmad śatadrōḥ] nadī-tīrē bauddhāvatārē rāma-kṣētrē [paṁjāba] pradēśē [ludhiyānā]-puṇya nagaryaṁ daṇḍakāraṇyē ṣaṣṭyāṁ saṁvatsarānāṁ madhyē [saumya]-nāma saṁvatsarē [dakṣiṇāyanē] [śarada]-r̥tau [kārtika]-māsē [śuklē]-pakṣē vāsaraḥ vāsarastu [sōma]-vāsarē vāsarayuktāyāṁ [bhāriṇī]-nakṣatra-yuktāyāṁ śubhayōga śubhakaraṇa ēvaṁ guṇa viśēṣēṇa viśiṣṭāyāṁ asyāṁ [pūrṇimā]-śubhatithau mamōpātta samasta duritakṣayadvārā śrī paramēśvaraprītyarthaṁ [siṅghala]-gōtrōd-bhavasya [punarvasu]-nakṣatrē [karka]-rāśau jātasya [your name]-nāmnaḥ asmākaṁ sahakuṭumbānāṁ bandhujanavargasya kṣēma, sthairya, vīrya, vijaya, āyuḥ, ārōgya, aiśvaryāṇām abhivr̥ddhiḥ arthaṁ, samasta maṅgala avāpti arthaṁ, samasta-durita-upaśānti-arthaṁ, iṣṭa-kāmyartha siddhi-arthaṁ, dharma-artha-kāma-mōkṣa caturvidhaphala puruṣārtha siddhi-arthaṁ, śrī mahāgaṇapati prasāda siddhyarthaṁ, śrī sāmbasadāśiva prasāda siddhyarthaṁ, prasādēna sarvāriṣṭa śānti-arthaṁ, sarvān-anukūlatā siddhyarthaṁ, sarvamanōratha avāpti-arthaṁ, śrēyōbhiḥ abhivr̥ddhi-arthaṁ, samastapāpakṣayapūrvakaṁ mahā puṇyakālē pañcāmr̥tābhiṣēkaṁ śrīrudrābhiṣēka-pūjanam śrīsāmbasadāśiva-ṣōḍaśōpacāra-pūjanaṁ ārādhanaṁ ca kariṣyē ।

ādau nirvighnatā siddhyarthaṁ

śrīmahāgaṇapatiṁ pūjāṁ kariṣyē ।

oṁ gaṇānāṁ tvā gaṇapatiꣳ havāmahē kaviṁ kavīnām upamaśravastamam । jyēṣṭharājaṁ brahmaṇāṁ brahmaṇaspata ā naḥ śr̥ṇvannūtibhis sīda sādanam ॥
vakratuṇḍa mahākāya sūryakōṭī samaprabha ।
nirvighnaṁ kuru mē dēva sarvakāryēṣu sarvadā ॥

kalaśa-arcanam

kalaśasya mukhē viṣṇuḥ kaṇṭhē rudraḥ samāśritaḥ । mūlē tatra sthitō brahmā madhyē mātr̥gaṇāḥ smr̥tāḥ ॥ kukṣau tu sāgarāḥ sarvē saptadvīpā vasundharā । r̥gvēdō'tha yajurvēdaḥ sāmavēdō hyatharvaṇaḥ ॥ aṅgaiśca sahitāḥ sarvē kalaśaṁ tu samāśritāḥ । atra gāyatrī sāvitrī śāntiḥ puṣṭikarī tathā ॥ āyāntu dēvapūjārthaṁ duritakṣayakārakāḥ । sarvē samudrāḥ saritaḥ tīrthāni jaladā nadāḥ ॥ gaṅgē ca yamunē caiva gōdāvari sarasvati । narmadē sindhu kāvēri jalē'smin sannidhiṁ kuru ॥

śaṅkha pūjā

vyāpaka maṇḍalāya namaḥ । oṁ vaṁ vahni maṇḍalāya dharmaprada daśa kalātmanē namaḥ । oṁ aṁ arka maṇḍalāya arthaprada dvādaśa kalātmanē namaḥ । praṇavena oṁ iti jalam āpūrya । oṁ maṁ sōma maṇḍalāya kāmaprada ṣōḍaśa kalātmanē namaḥ ।

mudrāṁ pradarśyaḥ

nirvīṣi karaṇārthē tārkṣa mudrā । amṛti karaṇārthē dhēnu mudrā । saṁrakṣaṇārthē cakra mudrā । vipulamāyā karaṇārthē mēru mudrā । pavitrī karaṇārthē śaṅkha mudrā । pāñcajanyāya vidmahē padmagarbhāya dhīmahi । tannaś śaṅkhaḫ pracōdayāt ॥ śaṅkha-dēvatābhyō namaḥ । sakala pūjārthē akṣatān samarpayāmi ।

Sprinkling Water

śaṅkhōdakēna pūjādravyāṇi prōkṣya , dēvasya mūrtiḥ asmin prōkṣya , ātmānaṁ ca prōkṣya । tat śēṣaṁ visṛjya । kalaśa jalēna punaḥ śaṅkhaṁ gāyatryā pūrayitvā । śaṅkhamadhyasthitaṁ tōyaṁ bhrāmitaṁ kēśavōpari । aṅgalagnaṁ manuṣyāṇām brahmahatyāyutaṁ dahēt ॥ [śaṅkhē pūjayitvā dēvasya dakṣiṇadigbhāgē sthāpayēt]

One becomes Shiva

yō vēdādau svara× prōktō vēdāntē ca pratiṣṭhitaḥ । tasya prakr̥tilīnasya ya× paras sa mahēśvaraḥ ॥ tasyāḥ śikhāyā madhyē paramātmā vyavasthitaḥ । sa brahma sa śivaḥ sa hariḥ sa indraḥ sō'kṣaraḥ paramaḥ svarāṭ ॥

Invoking the 14 lokas

oṁ atalāya namaḥ । oṁ vitalāya namaḥ । oṁ sutalāya namaḥ । oṁ talātalāya namaḥ । oṁ rasātalāya namaḥ । oṁ mahātalāya namaḥ । oṁ pātālāya namaḥ । oṁ bhūrlōkāya namaḥ । oṁ bhuvarlōkāya namaḥ । oṁ svarlōkāya namaḥ । oṁ maharlōkāya namaḥ । oṁ janōlōkāya namaḥ । oṁ tapōlōkāya namaḥ । oṁ satyalōkāya namaḥ ॥ oṁ caturdaśabhuvanadhīśvarāya namaḥ ॥ sarvasya dēvatā namaḥ । ityātmārcanam ।

Invoking the Yonis

oṁ yakṣēbhyō namaḥ । oṁ rakṣēbhyō namaḥ । oṁ apsarēbhyō namaḥ । oṁ gandharvēbhyō namaḥ । oṁ kinnarēbhyō namaḥ । oṁ gōbhyō namaḥ । oṁ sarpēbhyō namaḥ । oṁ maṇḍalādidēvatābhyō namaḥ । maṇḍalādidēvatā pūjāṁ samarpayāmi ।

atha dvārapāla-pūjāṁ kariṣyē

oṁ pūrvadvārē dvāraśriyai namaḥ । dhātrē namaḥ । vidhātrē namaḥ । oṁ dakṣiṇadvārē dvāraśriyai namaḥ । caṇḍāya namaḥ । pracaṇḍāya namaḥ । oṁ paścimadvārē dvāraśriyai namaḥ । jayāya namaḥ । vijayāya namaḥ । oṁ uttaradvārē dvāraśriyai namaḥ । śaṅkhanidhaye namaḥ । puṣpanidhaye namaḥ । dvārapāla pūjāṁ samarpayāmi ॥

5 Devas Puja

oṁ bhāskarāya vidmahē mahaddyutikarāya dhīmahi । tannō ādiyaḥ pracōdayāt । śrī sūryāya namaḥ । āvāhayāmi । sthāpayāmi । pūjayāmi ॥ oṁ ēkadantāya vidmahē vakratuṇḍāya dhīmahi । tannō dantiḥ pracōdayāt । śrīman mahāgaṇapatayē namaḥ । āvāhayāmi । sthāpayāmi । pūjayāmi ॥ oṁ kātyāyanāya vidmahē kanyakumāri dhīmahi । tannō durgiḥ pracōdayāt । śrī durgāyai namaḥ । āvāhayāmi । sthāpayāmi । pūjayāmi ॥ oṁ tatpuruṣāya vidmahē mahādēvāya dhīmahi । tannō rudra× pracōdayāt

। śrīsāmbasadāśivāya namaḥ । āvāhayāmi । sthāpayāmi । pūjayāmi ॥ oṁ nārāyaṇāya vidmahē vāsudēvāya dhīmahi । tannō viṣṇuḥ pracōdayāt । śrīman mahāviṣṇavē namaḥ । āvāhayāmi । sthāpayāmi । pūjayāmi ॥ āhvayanta śrīsūrya-gaṇapatyambikā-śrīviṣṇudēvatābhyō namaḥ । dhyāyāmi । dhyānaṁ samarpayāmi ।

āsanam

āhvayāmi । ratna-siṁhāsanaṁ samarpayāmi ।

pādyam

pādāravindayōḥ pādyaṁ pādyaṁ samarpayāmi ।

arghyam

hastayōḥ arghyaṁ arghyaṁ samarpayāmi ।

ācamanam

mukhāravindē ācamanīyaṁ ācamanīyaṁ samarpayāmi ।

sarvāṅgēṣu snānam ।

Panchamrit Snanam

Invoking the pañcāmr̥ta dēvatāḥ

pañcāmr̥tābhiṣēkaṁ kartum pañcadēvatā-āhvāna-pūjāṁ kariṣyē oṁ kṣīrēsōmāya namaḥ । sōmam āhvayāmi । sthāpayāmi । pūjayāmi ॥ oṁ dadhnivāyavē namaḥ । vāyum āhvayāmi । sthāpayāmi । pūjayāmi ॥ oṁ ghr̥tēravayē namaḥ । ravim āhvayāmi । sthāpayāmi । pūjayāmi ॥ oṁ madhunivisvēbhyō dēvēbhyō namaḥ । viśvāṁ dēvām āhvayāmi । sthāpayāmi । pūjayāmi ॥ oṁ śarkarāyāṁsavitrē namaḥ । savitāram āhvayāmi । sthāpayāmi । pūjayāmi ॥ pañcadēvatābhyō namaḥ । jala-gandhādi pūjāṁ samarpayāmi ॥

ādau malāpakarṣa-snānaṁ kariṣyē

oṁ āpō hi ṣṭhā mayō bhuvastāna ūrjē dadhātana । mahē raṇāya cakṣasē । yō vaḥ śivatamō rasaḥ । tasya bhājayatē ha naḥ । uśatīriva mātaraḥ । tasmā araṅga māma vō yasya kṣayāya jinvatha । āpō janayathā ca naḥ ॥ malāpakarṣa-snānaṁ samarpayāmi ॥

ādau kṣīrēṇa snā payiṣyē **Milk**

oṁ āpyāyasva samētu tē viśvatas sōma vr̥ṣṇiyam । bhavā vājasya saṅgathē ॥ kṣīrasnānaṁ samarpayāmi । kṣīrasnānāntaram śuddhōdakēna snā payiṣyē । oṁ sadyōjātaṁ prapadyāmi sadyōjātāya vai namō namaḥ । bhavē bhavē nātibhavē bhavasva mām । bhavōdbhavāya namaḥ ॥ śuddhōdakasnānaṁ samarpayāmi ॥

dadhnā snā payiṣyē **Curd**

oṁ dadhikrāvṇṇō akāriṣaṁ jiṣṇōraśvasya vājinaḥ । surabhi nō mukhā karatprana āyūꣳṣi tāriṣat ॥ dadhisnānaṁ samarpayāmi । oṁ vāmadēvāya namō jyēṣṭhāya namaḥ śrēṣṭhāya namō rudrāya nama× kālāya nama× kalavikaraṇāya namō balavikaraṇāya namō balāya namō balapramathanāya namas sarvabhūtadamanāya namō manōnmanāya namaḥ ॥ śuddhōdakasnānaṁ samarpayāmi ॥

ghr̥tēna snā payiṣyē **Ghee**

oṁ śukramasi jyōtirasi tējō'si dēvō vas savitōt punātvacchidrēṇa pavitrēṇa vasōs sūryasya raśmibhiḥ ॥ ghr̥tasnānaṁ samarpayāmi ॥ oṁ aghōrēbhyō'th aghōrēbhyō ghōraghōratarēbhyaḥ । sarvēbhyas sarvaśarvēbhyō namastē astu rudrarūpēbhyaḥ ॥ śuddhōdakasnānaṁ samarpayāmi ॥

madhunā snā payiṣyē **Honey**

oṁ madhu vātā r̥tāyatē madhu kṣaranti sindhavaḥ । mādhvīrnaḥ santvōṣadhīḥ ॥ madhunaktamutōṣasō madhumatpārthivaꣳ rajaḥ । madhu dyaurastu na× pitā ॥ madhumānnō vanaspatirmadhumāꣳ astu sūryaḥ । mādhvīrgāvō bhavantu naḥ ॥ madhusnānaṁ samarpayāmi । oṁ tatpuruṣāya vidmahē mahādēvāya dhīmahi । tannō rudra× pracōdayāt ॥ śuddhōdakasnānaṁ samarpayāmi ॥

śarkarayā snā payiṣyē **Sugar**

oṁ svāduḥ pavasva divyāya janmanē svādurindrāya suhavītu nāmnē । svādurmitrāya varuṇāya vāyavē br̥haspatayē madhumā̱ḵ adābhyaḥ ॥ śarkarāsnānaṁ samarpayāmi । oṁ īśānas sarvavidyānām īśvaraḥ sarvabhūtānāṁ brahmādhipatir brahmaṇō'dhipatir brahmā śivō mē astu sadā śi̱vōm ॥ śuddhōdakasnānaṁ samarpayāmi ॥

kṣīrō dadhi ghr̥taṁ caiva madhu ca śarkarānvitam । pañcāmr̥taṁ mayānītaṁ gr̥hāṇēdaṁ jagannātha namōstutē ॥ pañcāmr̥tābhiṣēka-snānaṁ samarpayāmi ॥

Ganapati Atharvashirsha

atha mahā-abhiṣēkē viniyōgaḥ

oṁ bhadraṁ karṇēbhiḥ śr̥ṇuyāma dēvāḥ । bhadraṁ paśyē mākṣabhir yajatrāḥ । sthirairaṅgais tuṣṭuvāᳵ sastanūbhiḥ । vyaśēma dēvahitaṁ yadāyuḥ । svasti na indrō vr̥ddhaśravāḥ । svasti na× pūṣā viśvavēdāḥ । svasti nastārkṣyō ariṣṭanēmiḥ । svasti nō br̥haspatirdadhātu ॥ oṁ śāntiḥ śāntiḥ śāntiḥ ॥

oṁ namastē gaṇapatayē । tvamēva pratyakṣaṁ tattvamasi । tvamēva kēvalaṁ kartā'si । tvamēva kēvalaṁ dhartā'si । tvamēva kēvalaṁ hartā'si । tvamēva sarvaṁ khalvidaṁ brahmāsi । tvaṁ sākṣād ātmā'si nityam ॥ 1 ॥ r̥taṁ vacmi । satyaṁ vacmi ॥ 2 ॥ ava tvaṁ mām । ava vaktāram । ava śrōtāram । ava dātāram । ava dhātāram । avānūcānamava śiṣyam । ava paścāttāt । ava purastāt । avōttarāttāt । ava dakṣiṇāttāt । ava cōrdhvāttāt । avādharāttāt । sarvatō māṁ pāhi pāhi samantāt ॥ 3 ॥ tvaṁ vāṅgamayas tvaṁ cinmayaḥ । tvam ānandamayas tvaṁ brahmamayaḥ । tvaṁ saccidānandā'dvitīyō'si । tvaṁ pratyakṣaṁ brahmāsi । tvaṁ jñānamayō vijñānamayō'si ॥ 4 ॥ sarvaṁ jagadidaṁ tvattō jāyatē । sarvaṁ jagadidaṁ tvattas tiṣṭhati । sarvaṁ jagadidaṁ tvayi layamēṣyati। sarvaṁ jagadidaṁ tvayi pratyēti । tvaṁ bhūmirāpō'nalō'nilō nabhaḥ । tvaṁ catvāri vākpadāni ॥ 5 ॥ tvaṁ guṇatrayātītaḥ । tvam avasthātrayātītaḥ । tvaṁ dēhatrayātītaḥ । tvaṁ kālatrayātītaḥ । tvaṁ mūlādhārasthitō'si nityam । tvaṁ śaktitrayātmakaḥ । tvāṁ yōginō dhyāyanti nityam । tvaṁ brahmā tvaṁ viṣṇus tvaṁ rudras tvaṁ indras tvaṁ agnis tvaṁ vāyus tvaṁ sūryas tvaṁ caṁdramās tvaṁ brahma bhūrbhuvas suvarōm ॥ 6 ॥ gaṇādiṁ pūrvamuccārya varṇādīṁ stadanantaram । anusvāra× parataraḥ । ardhēndulasitam । tārēṇa r̥ddham । ētat tava manusvarūpam । gakāra× pūrvarūpam । akārō madhyamarūpam । anusvāraścāntyarūpam । binduruttararūpam । nādas sandhānam । sa×hitā sandhiḥ । saiṣā gaṇēśavidyā । gaṇaka r̥ṣiḥ । nicr̥d gāyatrīcchandaḥ । śrī mahāgaṇapatir dēvatā । oṁ gaṁ gaṇapatayē namaḥ ॥ 7 ॥ ēkadantāya vidmahē vakratuṇḍāya dhīmahi । tannō dantiḥ pracōdayāt ॥ 8 ॥ ēkadantaṁ catur hastaṁ pāśam aṅkuśadhāriṇam । radaṁ ca varadaṁ hastair vibhrāṇaṁ mūṣakadhvajam । raktaṁ lambōdaraṁ śūrpakarṇakaṁ raktavāsasam । raktagandhānuliptāṅgaṁ raktapuṣpaiḥ supūjitam । bhaktānukampinaṁ dēvaṁ jagat kāraṇam acyutam । āvirbhūtaṁ ca sr̥ṣṭyādau prakr̥tē× puruṣātparam

। ēvaṁ dhyāyati yō nityaṁ sa yōgī yōginām varaḥ ॥ 9 ॥ namō vrātapatayē । namō gaṇapatayē । nama× pramathapatayē । namastē astu lambōdarāyaikadantāya vighnanāśinē śivasutāya śrīvaradamūrtayē namō namaḥ ॥ 10 ॥

phalaśruti

ētad atharvaśīrṣaṁ yō'dhītē sa brahmabhūyāya kalpatē । sa sarvavighnair na bādhyatē । sa sarvatra sukhamēdhatē । sa pañcamahāpāpāt pramucyatē । sāyam adhīyānō divasakr̥taṁ pāpaṁ nāśayati । prātar adhīyānō rātrikr̥taṁ pāpaṁ nāśayati । sāyaṁ prāta× prayuñjānō pāpō'pāpō bhavati । sarvatrādhīyānō'pavighnō bhavati । dharmārthakāmamōkṣaṁ ca vindati । idam atharvaśīrṣam aśiṣyāya na dēyam । yō yadi mōhād dāsyati sa pāpīyān bhavati । sahasrāvartanād yaṁ yaṁ kāmamadhītē taṁ tamanēna sādhayēt ॥ 11 ॥ anēna gaṇapatimabhiṣiñcati sa vāgmī bhavati।caturthyāman aśnan japati sa vidyāvān bhavati। ityatharvaṇavākyam । brahmādyāvaraṇaṁ vidyān na bibhēti kadācanēti ॥ 12 ॥ yō dūrvāṅkurair yajati sa vaiśravaṇōpamō bhavati । yō lājair yajati sa yaśōvān bhavati । sa mēdhāvān bhavati । yō mōdakasahasrēṇa yajati sa vāñchitaphalam avāpnōti

। yaḥ sājya samidbhir yajati sa sarvaṁ labhatē sa sarvaṁ labhatē ॥ 13 ॥ aṣṭau brāhmaṇān samyag grāhayitvā sūryavarcasvī bhavati । sūryagrahē mahānadyāṁ pratimāsannidhau vā japtvā siddhamantrō bhavati । mahāvighnāt pramucyatē । mahādōṣāt pramucyatē । mahāpāpāt pramucyatē । mahāpratyavāyāt pramucyatē । sa sarvavid bhavati sa sarvavid bhavati । ya ēvaṁ vēda । ityupaniṣat ॥ 14 ॥

śānti mantraḥ

oṁ saha nāvavatu । saha nau bhunaktu । saha vīryaṁ karavāvahai । tējasvināvadhītamastu mā vidviṣāvahai ॥ oṁ śāntiḥ śāntiḥ śāntiḥ ॥

laghunyāsaḥ atha ātmani dēvatāḥ sthāpayēt prajananē brahmā tiṣṭhatu । pādayōrviṣṇus tiṣṭhatu । hastayōr haras tiṣṭhatu । bāhvōr indras tiṣṭhatu। jaṭharē'gnis tiṣṭhatu । hṛdayē śivas tiṣṭhatu । kaṇṭhē vasavas tiṣṭhantu । vaktrē sarasvatī tiṣṭhatu । nāsikyōr vāyus tiṣṭhatu । nayanayōś candrādityau tiṣṭhētām । karṇayōr aśvinau tiṣṭhētām । lalāṭē rudrās tiṣṭhantu । mūrdhnya ādityās tiṣṭhantu । śirasi mahādēvas tiṣṭhatu । śikhāyāṁ vāmadēvas tiṣṭhatu । pṛṣṭhē pinākī tiṣṭhatu । purataḥ śūlī tiṣṭhatu । pārśvayōḥ śivāśaṅkarau tiṣṭhētām । sarvatō vāyus tiṣṭhatu । tatō bahiḥ sarvatō'gnir jvālāmālā-parivṛtas tiṣṭhatu । sarvēṣvaṅgēṣu sarvā dēvatā yathāsthānaṁ tiṣṭhantu । māṁ rakṣantu ॥ asmākaṁ sarvēṣām rakṣantu । oṁ agnir mē vāci śritaḥ । vāgdhṛdayē । hṛdayaṁ mayi । aham amṛtē । amṛtaṁ brahmaṇi । vāyur mē prāṇē śritaḥ । prāṇō hṛdayē । hṛdayaṁ mayi । aham amṛtē । amṛtaṁ brahmaṇi । sūryō mē cakṣuṣi śritaḥ । cakṣur hṛdayē । hṛdayaṁ mayi । aham amṛtē । amṛtaṁ brahmaṇi । candramā mē manasi śritaḥ । manō hṛdayē । hṛdayaṁ mayi । aham amṛtē ।

amr̥taṁ brahmaṇi । diśō mē śrōtrē śritāḥ । śrōtraḵ hr̥dayē । hr̥dayaṁ mayi । aham amr̥tē । amr̥taṁ brahmaṇi । āpō mē rētasi śritāḥ । rētō hr̥dayē । hr̥dayaṁ mayi । aham amr̥tē । amr̥taṁ brahmaṇi । pr̥thivī mē śarīrē śritā । śarīraḵ hr̥dayē । hr̥dayaṁ mayi । aham amr̥tē । amr̥taṁ brahmaṇi । ōṣadhivanaspatayō mē lōmasu śritāḥ । lōmāni hr̥dayē । hr̥dayaṁ mayi । aham amr̥tē । amr̥taṁ brahmaṇi । indrō mē balē śritaḥ । balaḵ hr̥dayē । hr̥dayaṁ mayi । aham amr̥tē । amr̥taṁ brahmaṇi । parjanyō mē mūrdhni śritaḥ । mūrdhā hr̥dayē । hr̥dayaṁ mayi । aham amr̥tē । amr̥taṁ brahmaṇi । īśānō mē manyau śritaḥ । manyur hr̥dayē । hr̥dayaṁ mayi । aham amr̥tē । amr̥taṁ brahmaṇi । ātmā ma ātmani śritaḥ । ātmā hr̥dayē । hr̥dayaṁ mayi । aham amr̥tē । amr̥taṁ brahmaṇi । punarma ātmā punar āyurāgāt । puna× prāṇa× punarākūtam āgāt । vaiśvānarō raśmibhir vāvr̥dhānaḥ । antas tiṣṭhatvamr̥tasya gōpāḥ ॥

asya śrīrudrasya praśnasya

mahāmantrasya anuṣṭup chandasya aghōra r̥ṣiḥ amr̥tānuṣṭup chandaḥ śrīsaṅkarṣaṇamūrtisvarūpō yō'sāvādityaḥ । sa ēṣa paramapuruṣaḥ parabrahmatryambakaṁ mr̥tyuñjaya rudrō dēvatā । namaḥ śivāyēti bījam । śivatarāyēti śaktiḥ । mahādēvāyēti kīlakam । asmākaṁ sarvēṣāṁ samastapāpakṣayārthē nyāsē viniyōgaḥ ॥

atha kara-nyāsaḥ

oṁ agnihōtrātmanē aṅguṣṭhābhyāṁ namaḥ । oṁ darśapūrṇamāsātmanē tarjanībhyāṁ namaḥ । oṁ cāturmāsyātmanē madhyamābhyāṁ namaḥ । oṁ nirūḍhapaśubandhātmanē anāmikābhyāṁ namaḥ । oṁ jyōtiṣṭhōmātmanē kaniṣṭhikābhyāṁ namaḥ । oṁ sarvakratvātmanē karatalakarapr̥ṣṭhābhyāṁ namaḥ ॥

atha hr̥dayādi aṅga-nyāsaḥ

oṁ agnihōtrātmanē hr̥dayāya namaḥ । oṁ darśapūrṇamāsātmanē śirasē svāhā । oṁ cāturmāsyātmanē śikhāyai vaṣaṭ । oṁ nirūḍhapaśubandhātmanē kavacāya hum । oṁ jyōtiṣṭhōm ātmanē nētratrayāya vauṣaṭ । oṁ sarvakratvātmanē astrāya phaṭ ॥ bhūrbhuvassuvarōm iti digbandhaḥ ॥

dhyānam

āpātāḻa-nabhas sthalānta-bhuvana-brahmāṇḍam āvisphurat jyōtiḥ sphāṭika-liṅga-mauḻi-vilasatpūrṇēndu-vāntāmṛtaiḥ । astōkāplutam ēkam īśam aniśaṁ rudrānuvākāñjapan dhyāyē-dīpsita-siddhayē dhruvapadaṁ viprō'bhiṣiñcē-cchivam ॥
brahmāṇḍavyāptadēhā bhasitahimarucā bhāsamānā bhujaṅgaiḥ kaṇṭhē kālāẋ kapardākalita-śaśikalāś caṇḍakōdaṇḍahastāḥ । tryakṣā rudrākṣamālāḥ praṇatabhayaharāś śāmbhavā mūrtibhēdāḥ rudrāḥ śrīrudrasūkta-prakaṭitavibhavā naẋ prayacchantu saukhyam ॥

śiva saṅkalpa sūktam

kailāsa śikharē ramyē śaṅkarasya śivālayē । dēvatās tatra mōdanti tanmē manaḥ śivasaṅkalpamastu ॥
śuddhasphaṭika-sankāśaṁ śuddhavidyā pradāyakam । śuddhaṁ pūrṇaṁ cidānandaṁ sadāśivamahaṁ bhajē ॥

camakapraśnaḥ 3rd anuvākaḥ

oṁ śaṁ ca mē mayaśca mē priyaṁ ca
mē'nukāmaśca mē kāmaśca mē saumanasaśca mē
bhadraṁ ca mē śrēyaśca mē vasyaśca mē yaśaśca
mē bhagaśca mē draviṇaṁ ca mē yantā ca mē
dhartā ca mē kṣēmaśca mē dhr̥tiśca mē viśvaṁ ca
mē mahaśca mē saṁvicca mē jñātraṁ ca mē sūśca
mē prasūśca mē sīraṁ ca mē layaśca ma r̥taṁ ca
mē'mr̥taṁ ca mē'yakṣmaṁ ca mē'nāmayacca mē ,
jīvātuśca mē dīrghāyutvaṁ ca mē'namitraṁ ca
mē'bhayaṁ ca mē sugaṁ ca mē śayanaṁ ca mē
sūṣā ca mē sudinaṁ ca mē ॥

oṁ iḍā dēvahūr manuryajñanīr
br̥haspatirukthāmadāni śa॰॰siṣad viśvē dēvās
sūktavāca॰ pr̥thivimātarmā mā hi॰॰sīr madhu maniṣyē
madhu janiṣyē madhu vakṣyāmi madhu vadiṣyāmi
madhumatīṁ dēvēbhyō vācamudyāsa॰॰ śuśrūṣēṇyāṁ
manuṣyēbhyastaṁ mā dēvā avantu śōbhāyai
pitarō'numadantu ॥ oṁ śāntiḥ śāntiḥ śāntiḥ ॥

śrī rudrapraśnaḥ ॥ namakam ॥

oṁ namō bhagavatē rudrāya ॥ oṁ namastē rudra manyava utōta iṣavē namaḥ । namastē astu dhanvanē bāhubhyāmuta tē namaḥ । yā ta iṣuḥ śivatamā śivaṁ babhūva tē dhanuḥ । śivā śaravyā yā tava tayā nō rudra mr̥ḍaya । yā tē rudra śivā tanūraghōrā'pāpakāśinī । tayā nastanuvā śantamayā giriśantābhicākaśīhi । yāmiṣuṁ giriśaṁta hastē bibharṣyastavē । śivāṁ giritra tāṁ kuru mā hiꣳsī× puruṣaṁ jagat । śivēna vacasā tvā giriśācchāvadāmasi । yathā nas sarvamijjagadayakṣmaꣳ sumanā asat । adhyavōcadadhivaktā prathamō daivyō bhiṣak । ahīꣳśca sarvāñjambhayantsarvāśca yātudhānyaḥ । asau yastāmrō aruṇa uta babhruḥ sumaṅgalaḥ । yē cēmāꣳ rudrā abhitō dikṣu śritāḥ sahasraśō'vaiṣāꣳ hēḍa īmahē । asau yō'vasarpati nīlagrīvō vilōhitaḥ । utainaṁ gōpā adr̥śannadr̥śannudahāryaḥ । utainaṁ viśvā bhūtāni sa dr̥ṣṭō mr̥ḍayāti naḥ । namō astu nīlagrīvāya sahasrākṣāya mīḍhuṣē। athō yē asya sattvānō'haṁ tēbhyō'karan namaḥ । pramuñca dhanvanastvam ubhayōrārtni yōrjyām । yāśca tē hasta iṣava× parā tā bhagavō vapa । avatatya dhanustvaꣳ sahasrākṣa śatēṣudhē । niśīrya śalyānāṁ

mukhā śivō naḥ sumanā bhava । vijyaṁ dhanu×
kapardinō viśalyō bāṇavāᳵ uta । anēśannasyēṣava
ābhurasya niṣaṅgathiḥ । yā tē hētirmīḍhuṣṭama hastē
babhūva tē dhanuḥ । tayā'smān
viśvatastvamayakṣmayā paribbhuja । namastē
astvāyudhāyānātatāya dhr̥ṣṇavē । ubhābhyāmuta tē
namō bāhubhyāṁ tava dhanvanē । pari tē dhanvanō
hētir asmānvr̥ṇaktu viśvataḥ । athō ya iṣudhistavārē
asmannidhēhi tam ॥ śrīśambhavē namaḥ ॥ namastē
astu bhagavan viśvēśvarāya mahādēvāya
tryambakāya tripurāntakāya trikāgnikālāya
kālāgnirudrāya nīlakaṇṭhāya mr̥tyuñjayāya
sarvēśvarāya sadāśivāya śrīman mahādēvāya namaḥ
॥ 1 ॥

namō hiraṇyabāhavē sēnānyē diśāṁ ca patayē namō
namō vr̥kṣēbhyō harikēśēbhaya× paśūnāṁ
patayē namō namas saspiñjarāya tviṣīmatē pathīnāṁ
patayē namō namō babhluśāya vivyādhinē'nnānāṁ
patayē namō namō harikēśāyōpavītinē puṣṭānāṁ
patayē namō namō bhavasya hētyai jagatāṁ patayē
namō namō rudrāyātatāvinē kṣētrāṇāṁ patayē namō
namas sūtāyāhantyāya vanānāṁ patayē namō namō
rōhitāya sthapatayē vr̥kṣāṇāṁ patayē namō namō
mantriṇē vāṇijāya kakṣāṇāṁ patayē namō namō

bhuvantayē vārivaskr̥tāyauṣadhīnāṁ patayē namō nama uccair ghōṣāyākrandayatē pattīnāṁ patayē namō nama× kr̥tsnavītāya dhāvatē sattvanāṁ patayē namaḥ ॥ 2 ॥

namas sahamānāya nivyādhina āvyādhinīnāṁ patayē namō nama× kakubhāya niṣaṅgiṇē stēnānāṁ patayē namō namō niṣaṅgiṇa iṣudhimatē taskarāṇāṁ patayē namō namō vañcatē parivañcatē stāyūnāṁ patayē namō namō nicēravē paricarāyāraṇyānāṁ patayē namō namas sr̥kāvibhyō jighāꣳsadbhyō muṣṇatāṁ patayē namō namō'simadbhyō naktaṁcaradbhya× prakr̥ntānāṁ patayē namō nama uṣṇīṣiṇē giricarāya kuluñcānāṁ patayē namō nama iṣumadbhyō dhanvāvibhyaśca vō namō nama ātanvānēbhya× pratidadhānēbhyaśca vō namō nama āyacchadbhyō visr̥jadbhyaśca vō namō namō'syadbhyō vidhyadbhyaśca vō namō nama āsīnēbhyaś śayānēbhyaśca vō namō namas svapadbhyō jāgradbhyaśca vō namō namas tiṣṭhadbhyō dhāvadbhyaśca vō namō namas sabhābhyas sabhāpatibhyaśca vō namō namō aśvēbhyō aśvapatibhyaśca vō namaḥ ॥3॥

nama āvyādhinībhyō vividhyantībhyaśca vō namō
nama ugaṇābhyastr̥ᳵhatībhyaśca vō namō namō
gr̥tsēbhyō gr̥tsapatibhyaśca vō namō namō vrātēbhyō
vrātapatibhyaśca vō namō namō gaṇēbhyō
gaṇapatibhyaśca vō namō namō virūpēbhyō
viśvarūpēbhyaśca vō namō namō mahadbhyaḥ
kṣullakēbhyaśca vō namō namō
rathibhyō'rathēbhyaśca vō namō namō rathēbhyō
rathapatibhyaśca vō namō namas sēnābhyas
sēnānibhyaśca vō namō namaḥ kṣattr̥bhyas
saṁgrahītr̥bhyaśca vō namō namas takṣabhyō
rathakārēbhyaśca vō namō nama× kulālēbhya×
karmārēbhyaśca vō namō nama× puñjiṣṭēbhyō
niṣādēbhyaśca vō namō nama iṣukr̥dbhyō
dhanvakr̥dbhyaśca vō namō namō mr̥gayubhyaś
śvanibhyaśca vō namō namaś śvabhyaś
śvapatibhyaśca vō namaḥ ॥ 4 ॥

namō bhavāya ca rudrāya ca namaś śarvāya ca
paśupatayē ca namō nīlagrīvāya ca śitikaṇṭhāya ca
nama× kapardinē ca vyuptakēśāya ca namas
sahasrākṣāya ca śatadhanvanē ca namō giriśāya ca
śipiviṣṭāya ca namō mīḍhuṣṭamāya cēṣumatē ca
namō hrasvāya ca vāmanāya ca namō br̥hatē ca
varṣīyasē ca namō vr̥ddhāya ca saṁvr̥dhvanē ca

namō agriyāya ca prathamāya ca nama āśavē cājirāya ca namaś śīghriyāya ca śībhyāya ca nama ūrmyāya cāvasvanyāya ca namas srōtasyāya ca dvīpyāya ca ॥ 5 ॥

namō jyēṣṭhāya ca kaniṣṭhāya ca nama× pūrvajāya cāparajāya ca namō madhyamāya cāpagalbhāya ca namō jaghanyāya ca budhniyāya ca namas sōbhyāya ca pratisaryāya ca namō yāmyāya ca kṣēmyāya ca nama urvaryāya ca khalyāya ca namaś ślōkyāya cā'vasānyāya ca namō vanyāya ca kakṣyāya ca namaś śravāya ca pratiśravāya ca nama āśuṣēṇāya cāśurathāya ca namaś śūrāya cāvabhindatē ca namō varmiṇē ca varūthinē ca namō bilminē ca kavacinē ca namaś śrutāya ca śrutasēnāya ca ॥ 6 ॥

namō dundubhyāya cāhananyāya ca namō dhr̥ṣṇavē ca pramr̥śāya ca namō dūtāya ca prahitāya ca namō niṣaṅgiṇē cēṣudhimatē ca namastīkṣṇēṣavē cāyudhinē ca namas svāyudhāya ca sudhanvanē ca namas srutyāya ca pathyāya ca nama× kāṭyāya ca nīpyāya ca namas sūdyāya ca sarasyāya ca namō nādyāya ca vaiśantāya ca nama× kūpyāya cāvaṭyāya ca namō varṣyāya cāvarṣyāya ca namō mēghyāya ca vidyutyāya ca nama īghriyāya cātapyāya ca namō vātyāya ca rēṣmiyāya ca namō vāstavyāya ca vāstupāya ca ॥ 7 ॥

8th Anuvaka (ring the bell)

namas sōmāya ca rudrāya ca namas tāmrāya cāruṇāya ca namaś śaṅgāya ca paśupatayē ca nama ugrāya ca bhīmāya ca namō agrēvadhāya ca dūrēvadhāya ca namō hantrē ca hanīyasē ca namō vr̥kṣēbhyō harikēśēbhyō namas tārāya namaś śambhavē ca mayōbhavē ca namaś śaṅkarāya ca mayaskarāya ca **namaḥ śivāya** ca śivatarāya ca namastīrthyāya ca kūlyāya ca nama× pāryāya cāvāryāya ca nama× prataraṇāya cōttaraṇāya ca nama ātāryāya cālādyāya ca namaś śaṣpyāya ca phēnyāya ca namas sikatyāya ca pravāhyāya ca ॥ 8 ॥

nama iriṇyāya ca prapathyāya ca nama× kiṁśilāya ca kṣayaṇāya ca nama× kapardinē ca pulastayē ca namō gōṣṭhyāya ca gr̥hyāya ca namastalpyāya ca gēhyāya ca nama× kāṭyāya ca gahvarēṣṭhāya ca namō hradayyāya ca nivēṣpyāya ca nama× pāṁsavyāya ca rajasyāya ca namaś śuṣkyāya ca harityāya ca namō lōpyāya cōlapyāya ca nama ūrvyāya ca sūrmyāya ca nama× parṇyāya ca parṇaśadyāya ca namō'paguramāṇāya cābhighnatē ca nama ākhkhidatē ca prakhkhidatē ca namō va× kirikēbhyō dēvānāꣳ hr̥dayēbhyō namō vikṣīṇakēbhyō namō vicinvatkēbhyō nama ānirhatēbhyō nama āmīvatkēbhyaḥ ॥ 9 ॥

drāpē andhasaspatē daridran nīlalōhita । ēṣāṁ puruṣāṇām ēṣāṁ paśūnāṁ mā bhērmā'rō mō ēṣāṁ kiñcanāmamat । yā tē rudra śivā tanūś śivā viśvāhabhēṣajī । śivā rudrasya bhēṣajī tayā nō mr̥ḍa jīvasē ॥ imāꣳ rudrāya tavasē kapardinē kṣayadvīrāya prabharāmahē matim । yathā naś śamasad-dvipadē catuṣpadē viśvaṁ puṣṭaṁ grāmē asminnanāturam ॥ mr̥ḍā nō rudrōta nō mayaskr̥dhi kṣayadvirāya namasā vidhēma tē । yacchaṁ ca yōśca manurāyajē pitā tad aśyāma tava rudra praṇītau ॥ mā nō mahāntamuta mā nō arbhakaṁ mā na ukṣantamuta mā na ukṣitam । mā nō'vadhī× pitaraṁ mōta mātaraṁ priyā mā nastanuvō rudra rīriṣaḥ । mā nastōkē tanayē mā na āyuṣi mā nō gōṣu mā nō aśvēṣu rīriṣaḥ । vīrānmā nō rudra bhāmitō'vadhīr haviṣmantō namasā vidhēma tē । ārāttē gōghna uta pūruṣaghnē kṣayadvīrāya sumnamasmē tē astu । rakṣā ca nō adhi ca dēva brūhyadhā ca naś śarma yaccha dvirbahāḥ । stuhi śrutaṁ gartasadaṁ yuvānaṁ mr̥ganna bhīmam upahatnumugram । mr̥ḍā jaritrē rudra stavānō anyantē asmannivapantu sēnāḥ । pariṇō rudrasya hētirvr̥ṇaktu pari tvēṣasya durmatir aghāyōḥ । ava sthirā maghavadbhayastanuṣva mīḍhvastōkāya tanayāya mr̥ḍaya ॥ mīḍhuṣṭama śivatama śivō nas sumanā bhava । paramē vr̥kṣa āyudhannidhāya kr̥ttiṁ vasāna ācara pinākaṁ bibhradāgahi ॥ vikirida vilōhita namastē astu bhagavaḥ । yāstē sahasraꣳ hētayōnyamasmannivapantu tāḥ । sahasrāṇi sahasradhā bāhuvōstava hētayaḥ । tāsāmīśānō bhagava× parācīnā mukhā kr̥dhi ॥ 10 ॥

sahasrāṇi sahasraśō yē rudrā adhi bhūmyām । tēṣāꣳ sahasrayōjanē'vadhanvāni tanmasi । asmin mahatyarṇavē'ntarikṣē bhavā adhi । nīlagrīvāś śitikaṇṭhāś śarvā adhaḥ kṣamācarāḥ । nīlagrīvāś śitikaṇṭhā divaꣳ rudrā upaśritāḥ । yē vr̥kṣēṣu saspiñjarā nīlagrīvā vilōhitāḥ । yē bhūtānām adhipatayō viśikhāsa× kapardinaḥ । yē annēṣu vividhyanti pātrēṣu pibatō janān । yē pathāṁ pathirakṣaya ailabr̥dā yavyudhaḥ । yē tīrthāni pracaranti sr̥kāvantō niṣaṅgiṇaḥ ॥ ya ētāvantaśca bhūyāꣳsaśca diśō rudrā vitasthirē । tēṣāꣳ

sahasrayōjanē'vadhanvāni tanmasi ॥ namō rudrēbhyō yē pr̥thivyāṁ yē'ntarikṣē yē divi yēṣāmannaṁ vātō varṣamiṣavastēbhyō daśa prācīrdaśa dakṣiṇā daśa pratīcīrdaśōdīcīrdaśōrdhvāstēbhyō namastē nō mr̥ḍayantu tē yaṁ dviṣmō yaśca nō dvēṣṭi taṁ vō jambhē dadhāmi ॥ 11 ॥

Addendum

tryambakaym̐ yajāmahē sugandhiṁ puṣṭivardhanam । urvārukamiva bandhanān mr̥tyōr mukṣīya mā'mr̥tāt ॥

yō rudrō agnau yō apsu ya ōṣadhīṣu yō rudrō viśvā bhuvanā vivēśa tasmai rudrāya namō astu॥ tamuṣṭuhi yas sviṣus sudhanvā yō viśvasya kṣayati bhēṣajasya । yakṣvāmahē saumanasāya rudraṁ namōbhir dēvam asuraṁ duvasya ॥ ayaṁ mē hastō bhagavān ayaṁ mē bhagavat-taraḥ । ayaṁ mē viśvabhēṣajō'yaꣳ śivābhimarśanaḥ ॥ yē tē sahasramayutaṁ pāśā mr̥tyō martyāya hantavē । tān yajñasya māyayā sarvānava yajāmahē । mr̥tyavē svāhā mr̥tyavē svāhā ॥ oṁ namō bhagavatē rudrāya viṣṇavē mr̥tyurmē pāhi । prāṇānāṁ granthirasi rudrō mā viśāntakaḥ । tēnānnēnāpyāyasva । sadāśivōm ॥

camakam ॥ camakapraśnaḥ ॥

oṁ agnāviṣṇū sajōṣasēmāvardhantu vāṁ giraḥ । dyumnairvājēbhirāgatam । vājaśca mē prasavaśca mē prayatiśca mē prasitiśca mē dhītiśca mē kratuśca mē svaraśca mē ślōkaśca mē śrāvaśca mē śrutiśca mē jyōtiśca mē suvaśca mē prāṇaśca mē'pānaśca mē vyānaśca mē'suśca mē cittaṁ ca ma ādhītaṁ ca mē vāk ca mē manaśca mē cakṣuśca mē śrōtraṁ ca mē dakṣaśca mē balaṁ ca ma ōjaśca mē sahaśca ma āyuśca mē jarā ca ma ātmā ca mē tanūśca mē śarma ca mē varma ca mē'ṅgāni ca mē'sthāni ca mē parūꣳ◌॑ṣi ca mē śarīrāṇi ca mē ॥ 1 ॥

jyaiṣṭhyaṁ ca ma ādhipatyaṁ ca mē manyuśca mē bhāmaśca mē'maśca mē'mbhaśca mē jēmā ca mē mahimā ca mē varimā ca mē prathimā ca mē varṣmā ca mē drāghuyā ca mē vr̥ddhaṁ ca mē vr̥ddhiśca mē satyaṁ ca mē śraddhā ca mē jagacca mē dhanaṁ ca mē vaśaśca mē tviṣiśca mē krīḍā ca mē mōdaśca mē jātaṁ ca mē janiṣyamāṇaṁ ca mē sūktaṁ ca mē sukr̥taṁ ca mē vittaṁ ca mē vēdyaṁ ca mē bhūtaṁ ca mē bhaviṣyacca mē sugaṁ ca mē supathaṁ ca ma r̥ddhaṁ ca ma r̥ddhiśca mē klr̥ptaṁ ca mē klr̥ptiśca mē matiśca mē sumatiśca mē ॥ 2 ॥

śaṁ ca mē mayaśca mē priyaṁ ca mē'nukāmaśca mē kāmaśca mē saumanasaśca mē bhadraṁ ca mē śrēyaśca mē vasyaśca mē yaśaśca mē bhagaśca mē draviṇaṁ ca mē yantā ca mē dhartā ca mē kṣēmaśca mē dhr̥tiśca mē viśvaṁ ca mē mahaśca mē saṁvicca mē jñātraṁ ca mē sūśca mē prasūśca mē sīraṁ ca mē layaśca ma r̥taṁ ca mē'mr̥taṁ ca mē'yakṣmaṁ ca mē'nāmayacca mē jīvātuśca mē dīrghāyutvaṁ ca mē'namitraṁ ca mē'bhayaṁ ca mē sugaṁ ca mē śayanaṁ ca mē sūṣā ca mē sudinaṁ ca mē ॥ 3 ॥

ūrkca mē sūnr̥tā ca mē payaśca mē rasaśca mē ghr̥taṁ ca mē madhu ca mē sagdhiśca mē sapītiśca mē kr̥ṣiśca mē vr̥ṣṭiśca mē jaitraṁ ca ma audbhidyaṁ ca mē rayiśca mē rāyaśca mē puṣṭaṁ ca mē puṣṭiśca mē vibhu ca mē prabhu ca mē bahu ca mē bhūyaśca mē pūrṇaṁ ca mē pūrṇataraṁ ca mē'kṣitiśca mē kūyavāśca mē'nnaṁ ca mē'kṣucca mē vrīhayaśca mē yavāśca mē māṣāśca mē tilāśca mē mudgāśca mē khalvāśca mē gōdhūmāśca mē masurāśca mē priyaṅgavaśca mē'ṇavaśca mē śyāmākāśca mē nīvārāśca mē ॥ 4 ॥

aśmā ca mē mr̥ttikā ca mē girayaśca mē parvatāśca mē sikatāśca mē vanaspatayaśca mē hiraṇyaṁ ca mē'yaśca mē sīsaṁ ca mē trapuśca mē śyāmaṁ ca mē lōhaṁ ca mē'gniśca ma āpaśca mē vīrudhaśca ma ōṣadhayaśca mē kr̥ṣṭapacyaṁ ca mē'kr̥ṣṭapacyaṁ ca mē grāmyāśca mē paśava āraṇyāśca yajñēna kalpantāṁ vittaṁ ca mē vittiśca mē bhūtaṁ ca mē bhūtiśca mē vasu ca mē vasatiśca mē karma ca mē śaktiśca mē'rthaśca ma ēmaśca ma itiśca mē gatiśca mē ॥ 5 ॥

agniśca ma indraśca mē sōmaśca ma indraśca mē savitā ca ma indraśca mē sarasvatī ca ma indraśca mē pūṣā ca ma indraśca mē br̥haspatiśca ma indraśca mē mitraśca ma indraśca mē varuṇaśca ma indraśca mē tvaṣṭā ca ma indraśca mē dhātā ca ma indraśca mē viṣṇuśca ma indraśca mē'śvinau ca ma indraśca mē marutaśca ma indraśca mē viśvē ca mē dēvā indraśca mē pr̥thivī ca ma indraśca mē'ntarikṣaṁ ca ma indraśca mē dyauśca ma indraśca mē diśaśca ma indraśca mē mūrdhā ca ma indraśca mē prajāpatiśca ma indraśca mē ॥ 6 ॥

aꣳśuśca mē raśmiśca mē'dābhyaśca mē'dhipatiśca ma upāꣳśuśca mē'ntaryāmaśca ma aindravāyavaśca mē maitrāvaruṇaśca ma āśvinaśca mē pratiprasthānaśca mē śukraśca mē manthī ca ma āgrayaṇaśca mē vaiśvadēvaśca mē dhruvaśca mē vaiśvānaraśca ma r̥tugrahāśca mē'tigrāhyāśca ma aindrāgnaśca mē vaiśvadēvaśca mē marutvatīyāśca mē māhēndraśca ma ādityaśca mē sāvitraśca mē sārasvataśca mē pauṣṇaśca mē pātnīvataśca mē hāriyōjanaśca mē ॥ 7 ॥

idhmaśca mē barhiśca mē vēdiśca mē dhiṣṇiyāśca mē srucaśca mē camasāśca mē grāvāṇaśca mē svaravaśca ma uparavāśca mē'dhiṣavaṇē ca mē drōṇakalaśaśca mē vāyavyāni ca mē pūtabhr̥cca ma ādhavanīyaśca ma āgnidhraṁ ca mē havirdhānaṁ ca mē gr̥hāśca mē sadaśca mē purōḍāśāśca mē pacatāśca mē'vabhr̥thaśca mē svagākāraśca mē ॥ 8 ॥

agniśca mē gharmaśca mē'rkaśca mē sūryaśca mē prāṇaśca mē'śvamēdhaśca mē pr̥thivī ca mē'ditiśca mē ditiśca mē dyauśca mē śakvarīr aṅgulayō diśaśca mē yajñēna kalpantām r̥k ca mē sāma ca mē stōmaśca mē yajuśca mē dīkṣā ca mē tapaśca ma

r̥tuśca mē vrataṁ ca mē'hōrātrayōrvr̥ṣṭyā
br̥hadrathantarē ca mē yajñēna kalpētām ॥ 9 ॥

garbhāśca mē vatsāśca mē tryaviśca mē tryavī ca mē dityavāṭ ca mē dityauhī ca mē pañcāviśca mē pañcāvī ca mē trivatsaśca mē trivatsā ca mē turyavāṭ ca mē turyauhī ca mē paṣṭhavāṭ ca mē paṣṭhauhī ca ma ukṣā ca mē vaśā ca ma r̥ṣabhaśca mē vēhacca mē'naḍvāñca mē dhēnuśca ma āyur yajñēna kalpatāṁ prāṇō yajñēna kalpatām apānō yajñēna kalpatāṁ vyānō yajñēna kalpatāṁ cakṣur yajñēna kalpatāꣳ śrōtraṁ yajñēna kalpatāṁ manō yajñēna kalpatāṁ vāg yajñēna kalpatām ātmā yajñēna kalpatāṁ yajñō yajñēna kalpatām ॥ 10 ॥

ēkā ca mē tisraśca mē pañca ca mē sapta ca mē nava ca ma ēkādaśa ca mē trayōdaśa ca mē pañcadaśa ca mē saptadaśa ca mē navadaśa ca ma ēkaviꣳśatiśca mē trayōviꣳśatiśca mē pañcaviꣳśatiśca mē saptaviꣳśatiśca mē navaviꣳśatiśca ma ēkatriꣳśacca mē trayastriꣳśacca mē catasraśca mē'ṣṭau ca mē dvādaśa ca mē ṣōḍaśa ca mē viꣳśatiśca mē caturviꣳśatiśca mē'ṣṭāviꣳśatiśca mē dvātriꣳśacca mē ṣaṭtriꣳśacca mē catvāriꣳśacca mē catuścatvāriꣳśacca mē'ṣṭācatvāriꣳśacca mē vājaśca prasavaścāpijaśca kratuśca suvaśca mūrdhā ca vyaśniyaścā'ntyāyanaścāntyaśca bhauvanaśca bhuvanaścādhipatiśca ॥ 11 ॥

śānti pāṭhaḥ ending

oṁ iḍā dēvahūr manuryajñanīr br̥haspatirukthāmadāni śaꣳsiṣad viśvē dēvās sūktavāca× pr̥thivimātarmā mā hiꣳsīr madhu maniṣyē madhu janiṣyē madhu vakṣyāmi madhu vadiṣyāmi madhumatīṁ dēvēbhyō vācamudyāsaꣳ śuśrūṣēṇyāṁ manuṣyēbhyastaṁ mā dēvā avantu śōbhāyai pitarō'numadantu ॥ oṁ śāntiḥ śāntiḥ śāntiḥ ॥

nyāsē viniyōgaḥ (at close)

oṁ agnihōtrātmanē hr̥dayāya namaḥ । oṁ darśapūrṇamāsātmanē śirasē svāhā । oṁ cāturmāsyātmanē śikhāyai vaṣaṭ ।oṁ nirūḍhapaśubandhātmanē kavacāya hum । oṁ jyōtiṣṭhōmātmanē nētratrayāya vauṣaṭ । oṁ sarvakratvātmanē astrāya phaṭ ॥ bhūrbhuvassuvarōm iti digvimōkaḥ ॥ śuddhasphaṭika-saṅkāśaṁ śuddhavidyā pradāyakam । śuddhaṁ pūrṇaṁ cidānandaṁ sadāśivamahaṁ bhajē ॥

durgā sūktam

oṁ jātavēdasē sunavāma sōma marātīyatō nidahāti vēdaḥ । sa na× par-ṣadati durgāṇi viśvā nāvēva sindhuṁ duritā'tyagniḥ ॥ tām agnivarṇāṁ tapasā jvalantīṁ vairōcanīṁ karmaphalēṣu juṣṭām । durgāṁ dēvī× śaraṇamahaṁ prapadyē sutarasi tarasē namaḥ ॥ agnē tvaṁ pārayā navyō asmān thsvastibhirati durgāṇi viśvā । pūśca pr̥thvī bahulā na urvī bhavā tōkāya tanayāya śaṁyōḥ ॥ viśvāni nō durgahā jātavēdaḥ sindhunna nāvā duritā'tiparṣi । agnē atrivan manasā gr̥ṇānō'smākaṁ bōdhyavitā tanūnām ॥ pr̥tanā jita× sahamānam ugram agni× huvēma paramāth sadhasthāt । sa na× parṣadati durgāṇi viśvā kṣāmad-dēvō ati duritā'tyagniḥ ॥ pratnōṣi kamīḍyō adhvarēṣu sanāc ca hōtā navyaśca satsi । svāñcā'gnē tanuvaṁ piprayasvāsmabhyaṁ ca saubhagamāyajasva ॥ gōbhirjuṣṭam ayujō niṣiktaṁ tavēndra viṣṇōr anusaṁcarēma । nākasya pr̥ṣṭhamabhi saṁvasānō vaiṣṇavīṁ lōka iha mādayantām ॥ oṁ kātyāyanāya vidmahē kanyakumāri dhīmahi । tannō durgi× pracōdayāt ॥

śānti mantraḥ oṁ tacchaṁ yōrāvr̥ṇīmahē । gātuṁ yajñāya । gātuṁ yajñapatayē । daivī svastirastu naḥ । svastirmānuṣēbhyaḥ।ūrdhvaṁ jigātu bhēṣajam।śaṁ nō astu dvipadē । śaṁ catuṣpadē। oṁ śāntiḥ śāntiḥ śāntiḥ ॥

puruṣasūktam

oṁ sahasraśīrṣā puruṣaḥ । sahasrākṣas sahasrapāt । sa bhūmiṁ viśvatō vr̥tvā । atyatiṣṭhad daśāṅgu̱lam । puruṣa ēvēdaꣳ sarvam । yadbhūtaṁ yacca bhavyam । utāmr̥tatvasyēśānaḥ । yad annēnātirōhati । ētāvānasya mahimā । atō jyāyā̍ꣳ ca pūruṣaḥ ॥1॥ pādō'sya viśvā bhūtāni । tripādasyāmr̥taṁ divi । tripādūrdhva udaitpuruṣaḥ । pādō'syēhā''bhavātpunaḥ । tatō viṣvaṅvyakrāmat । sāśanānaśanē abhi । tasmād virāḍajāyata । virājō adhi pūruṣaḥ । sa jātō atyaricyata । paścād bhūmim athō puraḥ ॥2॥ yat puruṣēṇa haviṣā । dēvā yajñam atanvata । vasantō asyāsīdājyam । grīṣma idhmaśśaraddhaviḥ । saptāsyāsanparidhayaḥ । triḥ sapta samidhaᳵ kr̥tāḥ ।dēvā yad yajñaṁ tanvānāḥ। abadhnanpuruṣaṁ paśum । taṁ yajñaṁ barhiṣi praukṣan । puruṣaṁ jātamagrataḥ ॥3॥ tēna dēvā ayajanta । sādhyā r̥ṣayaśca yē । tasmād yajñāt sarvahutaḥ । saṁbhr̥taṁ pr̥ṣadājyam । paśūgstāgś cakrē vāyavyān । āraṇyān grāmyāśca yē । tasmād yajñāt sarvahutaḥ । r̥cas sāmāni jajñirē । chandā̍ꣳsi jajñirē tasmāt । yajus tasmād ajāyata ॥4॥ tasmād aśvā ajāyanta । yē kē cōbhayādataḥ । gāvō ha jajñirē tasmāt । tasmāj jātā ajāvayaḥ । yat puruṣaṁ vyadadhuḥ । katidhā vyakalpayan । mukhaṁ kimasya kau bāhū । kāvūrū pādāvucyētē । brāhmaṇō'sya mukhamāsīt । bāhū rājanya× kr̥taḥ ॥5॥ ūrū tadasya yad vaiśyaḥ । padbhyāᳵ śūdrō ajāyata । candramā manasō jātaḥ । cakṣōs sūryō ajāyata । mukhādindraśca agniśca । prāṇād vāyur ajāyata । nābhyā āsīd antarikṣam । śīrṣṇō dyauḥ samavartata । padbhyāṁ bhūmir diśaś śrōtrāt । tathā lōkāᳵ akalpayan ॥6॥ vēdāhamētaṁ puruṣaṁ mahāntam । ādityavarṇaṁ tamasastupārē । sarvāṇi rūpāṇi vicitya dhīraḥ । nāmāni kr̥tvā'bhivadan yadāstē । dhātā purastād yamudājahāra । śakra× pravidvān pradiśaśca tasraḥ । tamēvaṁ vidvān amr̥ta iha bhavati । nānya× panthā ayanāya vidyatē । yajñēna yajñam ayajanta dēvāḥ । tāni dharmāṇi prathamānyāsan । tē ha nākaṁ mahimānas sacantē । yatra pūrvē sādhyāḥ santi dēvāḥ ॥7॥ adbhayaḥ saṁbhūta× pr̥thivyai rasācca । viśvakarmaṇaḥ samavartatādhi । tasya tvaṣṭā vidadhadrūpamēti । tat puruṣasya viśvam ājānam agrē । vēdāhamētaṁ puruṣaṁ mahāntam । ādityavarṇaṁ tamasa× parastāt । tamēvaṁ vidvān amr̥ta iha bhavati । nānya× panthā vidyatē'yanāya । prajāpatiścarati garbhē antaḥ । ajāyamānō bahudhā vijāyatē ॥8॥ tasya dhīrā× parijānanti yōnim ।

marīcīnāṁ padam icchanti vēdhasaḥ । yō dēvēbhya ātapati । yō dēvānāṁ purōhitaḥ । pūrvō yō dēvēbhyō jātaḥ । namō rucāya brāhmayē । rucaṁ brāhmaṁ janayantaḥ । dēvā agrē tad abruvan । yastvaivaṁ brāhmaṇō vidyāt । tasya dēvā asan vaśē ॥9॥ hrīśca tē lakṣmīśca patnyau । ahōrātrē pārśvē । nakṣatrāṇi rūpam । aśvinau vyāttam । iṣṭaṁ maniṣāṇa । amuṁ maniṣāṇa । sarvaṁ maniṣāṇa ॥10॥ oṁ śāntiḥ śāntiḥ śāntiḥ ॥

śrī sūktam

oṁ hiraṇyavarṇāṁ hariṇīṁ suvarṇa-rajata-srajām । candrāṁ hiraṇmayīṁ lakṣmīṁ jātavēdō ma āvaha ॥ tāṁ ma āvaha jātavēdō lakṣmīm anapagāminīm । yasyāṁ hiraṇyaṁ vindēyaṁ gāmaśvaṁ puruṣānaham ॥ aśvapūrvāṁ rathamadhyāṁ hastināda-prabōdhinīm । śriyaṁ dēvīmupahvayē śrīrmā dēvīr juṣatām ॥ kāṁ sōsmitāṁ hiraṇyaprākārām ārdrāṁ jvalantīṁ tṛptāṁ tarpayantīm । padmē sthitāṁ padmavarṇāṁ tāmihōpahvayē śriyam ॥ candrāṁ prabhāsāṁ yaśasā jvalantīṁ śriyaṁ lōkē dēvajuṣṭāmudārām । tāṁ padminīmīṁ śaraṇamahaṁ prapadyē'lakṣmīr mē naśyatāṁ tvāṁ vṛṇē ॥ ādityavarṇē tapasō'dhijātō vanaspatistava vṛkṣō'tha bilvaḥ । tasya phalāni tapasā nudantu māyāntarāyāśca bāhyā alakṣmīḥ ॥ upaitu māṁ dēvasakhaḥ kīrtiśca maṇinā saha । prādurbhūtō'smi rāṣṭrē'smin kīrtimṛddhiṁ dadātu mē ॥ kṣutpipāsāmalāṁ jyēṣṭhāmalakṣmīṁ nāśayāmyaham । abhūtimasamṛddhiṁ ca sarvāṁ nirṇuda mē gṛhāt ॥ gandhadvārāṁ durādharṣāṁ nityapuṣṭāṁ karīṣiṇīm । īśvarī̐ṁ sarvabhūtānāṁ tāmihōpahvayē śriyam ॥ manasa× kāmamākūtiṁ vācaḥ satyamaśīmahi । paśūnāṁ rūpamannasya mayi śrīḥ śrayatāṁ yaśaḥ ॥ kardamēna prajābhūtā mayi sambhava kardama ।

śriyaṁ vāsaya mē kulē mātaraṁ padma-mālinīm ॥
āpa: sr̥jantu snigdhāni ciklīta vasa mē gr̥hē । ni ca
dēvīṁ mātaraṁ śriyaṁ vāsaya mē kulē ॥ ārdrāṁ
puṣkariṇīṁ puṣṭiṁ piṅgalāṁ padma-mālinīm ।
candrāṁ hiraṇyamayīṁ lakṣmīṁ jātavēdō ma āvaha ॥
ārdrāṁ ya: kariṇīṁ yaṣṭiṁ suvarṇāṁ hēma-mālinīm ।
sūryāṁ hiraṇmayīṁ lakṣmīṁ jātavēdō ma āvaha ।
tāṁ ma āvaha jātavēdō lakṣmīm anapagāminīm ।
yasyāṁ hiraṇyaṁ prabhūtaṁ gāvō dāsyō'śvān
vindēyaṁ puruṣānaham ॥ sarvamaṅgalamāṅgalyē
śivē sarvārtha sādhikē । śaraṇyē tryambakē gaurī
nārāyaṇi namō'stu tē । oṁ mahālakṣmī ca vidmahē
viṣṇupatnī ca dhīmahi । tannō lakṣmīḥ pracōdayāt ॥

samāna sūktam saṁvādasūktam

oṁ saṁsamidyuvasē vr̥ṣannagnē viśvānyarya ā ।
iḻspadē samidhyasē sa nō vasūnyā bhara ॥1॥
saṅgacchadhvaṁ saṁ vadadhvaṁ saṁ vō manāṁsi
jānatām। dēvā bhāgaṁ yathā pūrvē sañjānānā
upāsatē ॥2॥ samānō mantras samitis samāni
samānaṁ manas saha cittam ēṣām । samānaṁ
mantram abhi mantrayē vas samānēna vō haviṣā
juhōmi ॥3॥ samānī va ākūtis samānā hr̥dayāni vaḥ ।
samānam astu vō manō yathā vas susahāsati ॥4॥

śānti pāṭhaḥ

oṁ namō brahmaṇē namō astvagnayē nama×
pr̥thivyai nama ōṣadhībhyaḥ । namō vācē namō
vācaspatayē namō viṣṇavē br̥hatē karōmi ॥ oṁ
śāntiḥ śāntiḥ śāntiḥ ॥

Pardon ślōkāḥ

oṁ ābhir gīrbhir yadatōna ūnamāpyāyaya harivō
vardhamānaḥ । yadā stōtr̥bhyō mahi gōtrā rujāsi
bhūyiṣṭhabhājō adha tē syāma । brahma prāvādiṣma
tannō mā hāsīt ॥ oṁ śāntiḥ śāntiḥ śāntiḥ ॥ hariḥ oṁ
॥ chanting ends here.

Practising the Chanting

South Indian Tradition

Practising the Chanting – South Indian Tradition

अथ रुद्र पूजा पारायणम्

Initial Mantras

आचमनम् sip water thrice

ॐ केशवाय नमः ॐ अच्युताय नमः ॐ अनन्ताय नमः ।

प्राणायामः Pranayama with attention on the chakras ॐ भूः ॐ भुवः ॐ सुवः ॐ महः ॐ जनः ॐ तपः ॐ सत्यम् । ॐ तत् सवितुर् वरेण्यं भर्गो देवस्य धीमहि धियो यो नः प्रचोदयात् ॥

Pavamaana Suktam - Purification

ॐ पवमानस् सुवर्जनः । पवित्रेण विचर्षणिः । यः पोता स पुनातु मा ॥५॥ पुनन्तु मा देवजनाः । पुनन्तु मनवो धिया । पुनन्तु विश्व आयवः ॥६॥ जातवेदः पवित्रवत् । पवित्रेण पुनाहि मा । शुक्रेण देवदीद्यत् । अग्ने कृत्वा क्रतू ँ रनू ॥७॥ यत्ते पवित्रम् अर्चिषि । अग्ने विततमन्तरा । ब्रह्म तेन पुनीमहे ॥८॥ उभाभ्यां देवसवितः । पवित्रेण सवेन च । इदं ब्रह्म पुनीमहे ॥९॥ वैश्वदेवी पुनती देव्यागात् । यस्यै बह्वीस् तनुवो वीतपृष्ठाः । तया मदन्तस् सधमाद् येषु । वयꣳ स्याम पतयो रयीणाम् ॥१०॥ वैश्वानरो रश्मिभिर् मा पुनातु । वातः प्राणेनेषिरो मयो भूः । द्यावापृथिवी पयसा पयोभिः । ऋतावरी यज्ञिये मा पुनीताम् ॥११॥ बृहद्भिस् सवितस्तृभिः । वर्षिष्ठैर् देवमन्मभिः । अग्ने दक्षैः पुनाहि मा ॥१२॥ येन देवा अपुनत । येनापो दिव्यंकशः । तेन दिव्येन ब्रह्मणा । इदं ब्रह्म पुनीमहे ॥१३॥ यः पावमानीर् अध्येति । ऋषिभिस् संभृतꣳ रसम् । सर्वꣳ स पूतम् अश्नाति । स्वदितं मातरिश्वना ॥१४॥ पावमानीर् यो अध्येति । ऋषिभिस् संभृतꣳ रसम् । तस्मै सरस्वती दुहे । क्षीरꣳ सर्पिर् मधूदकम् ॥१५॥ पावमानीस् स्वस्त्ययनीः । सुदुघाहि पयस्वतीः । ऋषिभिस् संभृतो रसः । ब्राह्मणेष्वमृतꣳ हितम् ॥१६॥ पावमानीर् दिशन्तु नः । इमं लोकम् अथो अमुम् । कामान्-थ्समर्धयन्तु नः । देवीर् देवैस् समाभृताः ॥१७॥ पावमानीस् स्वस्त्ययनीः । सुदुघाहि घृतश्चुतः । ऋषिभिस् संभृतो रसः ।

ब्राह्मणेषु अमृतꣳ हितम् ॥१८॥ येन देवाः पवित्रेण । आत्मानं पुनते सदा । तेन सहस्रधारेण । पावमान्यः पुनन्तु मा ॥१९॥ प्राजापत्यं पवित्रम् । शतोद्यामꣳ हिरण्मयम् । तेन ब्रह्म विदो वयम् । पूतं ब्रह्म पुनीमहे ॥२०॥ इन्द्रस् सुनीती सहमा पुनातु । सोमस् स्वस्त्या वरुणस् समीच्या । यमो राजा प्रमृणाभिः पुनातु मा । जातवेदा मोर् जयन्त्या पुनातु ॥२१॥ भूर्भुवस्सुवः ॥

ॐ तच्छं योरावृणीमहे । गातुं यज्ञाय । गातुं यज्ञपतये । दैवीस् स्वस्तिर् अस्तु नः । स्वस्तिर् मानुषेभ्यः । ऊर्ध्वं जिगातु भेषजम् । शन्नो अस्तु द्विपदे । शं चतुष्पदे । ॐ शान्तिश् शान्तिश् शान्तिः ॥

Ghanta Puja घण्टानादम्

नाद-शब्द-महिं घण्टां सर्व विघ्नो प्रहारिणीम् । पूजये सर्व मन्त्रेण देवस्य प्रीति कारणात् ॥ आगमार्थं तु देवानां गमनार्थं तु रक्षसाम् । आदौ घण्टारवं नित्यम् देवता आह्वान लाञ्छनम् ॥

॥ अथ भू-शुद्धिः ॥

विष्णु-शक्ति-समुत्पन्ने शङ्खवर्णे महीतले । अनेक-रत्न-सम्पन्ने भूमि-देवी नमोस्तुते ॥

॥ अथ आसन-शुद्धिः ॥

पृथ्वि त्वया धृता लोका देवित्वं विष्णुना धृता । त्वं च धारय मां देवि पवित्रं कुरु चासनं ॥

॥ Invoking Bhairava भैरव प्रार्थना ॥

तीक्ष्ण दंष्ट्र महाकाय कल्पान्त दहनोपम । भैरवाय नमस्तुभ्यं अनुज्ञां दातुमर्हसि ॥

॥ अथ विन्यासः ॥

श्रीगणेश-द्वादश-नाम-स्तोत्रम्

सुमुखश्चैकदन्तश्च कपिलो गजकर्णकः । लम्बोदरश्च विकटो विघ्ननाशो विनायकः ।
धूम्रकेतुर्गणाध्यक्षो भालचन्द्रो गजाननः । द्वादशैतानि नामानि यः पठेच्छृणुयादपि ॥

विद्यारम्भे विवाहे च प्रवेशे निर्गमे तथा । सङ्ग्रामे सङ्कटे चैव विघ्नस् तस्य न जायते ॥
विद्यार्थी लभते विद्यां धनार्थी विपुलं धनम् । इष्टकामं तु कामार्थी धर्मार्थी मोक्षमक्षयम् ॥

Mangalacharanam

शुक्लाम्बरधरं विष्णुं शशिवर्णं चतुर्भुजम् । प्रसन्नवदनं ध्यायेत् सर्वविघ्नोपशान्तयेः ॥ तदेव लग्नं सुदिनं तदेव ताराबलं चंद्रबलं तदेव । विद्याबलं दैवबलं तदेव लक्ष्मीपतेः ते अङ्घ्रियुगं स्मरामि ॥

ॐ श्री लक्ष्मी-नारायणाभ्यां नमः । ॐ श्री उमा-महेश्वराभ्यां नमः । ॐ श्री वाणी-हिरण्यगर्भाभ्यां नमः । ॐ श्री सीता-रामाभ्यां नमः । ॐ श्री शची-पुरन्दराभ्यां नमः । ॐ श्री अरुणधति-वशिष्टाभ्यां नमः । ॐ दुर्गायै नमः । ॐ गणपतये नमः । ॐ क्षेत्रपालाय नमः । ॐ वास्तुपुरुषाय नमः । ॐ मातृभ्यो नमः । ॐ पितृभ्यो नमः । ॐ गुरुभ्यो नमः । ॐ आचार्येभ्यो नमः । ॐ इष्टदेवताभ्यो नमः । ॐ कुलदेवताभ्यो नमः । ॐ ग्रामादिदेवताभ्यो नमः । ॐ सर्वेभ्यो देवेभ्यो नमः । ॐ सर्वाभ्यो देवताभ्यो नमः । ॐ सर्वेभ्यो ब्राह्मणेभ्यो नमः । ॐ श्रीमद् भगवत् बौद्धायन-आचार्येभ्यो नमः ।

अविघ्नमस्तु

वक्रतुण्ड महाकाय सूर्यकोटिसमप्रभ । निर्विघ्नं कुरु मे देव सर्वकार्येषु सर्वदा ॥

Sankalpam सङ्कल्पम्

प्रारम्भ-काल-सुमुहूर्तमस्तु

ॐ विष्णुः विष्णुः विष्णोराज्ञया प्रवर्तमानस्य अद्य ब्रह्मणः द्वितीय प्रहरार्द्धे श्री श्वेत-वराह-कल्पे वैवस्वत-मन्वन्तरे कलियुगे अष्टाविंशति-तमे तत् प्रथम-पादे जम्बू-द्वीपे भरत-खण्डे भारत-वर्षे महामेरोः [पश्चिमे] दिग्भागे [दक्षिणे] पार्श्वे [श्रीमद् शतद्रोः सतलुज] नदी-तीरे बौद्धावतारे राम-क्षेत्रे [पंजाब] प्रदेशे [लुधियाना]-पुण्य नगर्यां दण्डकारण्ये अस्मिन् वर्तमानकाले व्यवहारिके प्रभवादि षष्ठ्यां संवत्सराणां मध्ये [सौम्य]-नाम संवत्सरे [दक्षिण]-आयने [शरद]-ऋतौ [कार्तिक]-मासे [शुक्ले]-पक्षे अद्य [पूर्णिमा]-शुभतिथौ वासरः वासरस्तु [सोम]-वासरे वासरयुक्तायां [भारिणी]-नक्षत्र-युक्तायां शुभयोग शुभकरण एवं गुण विशेषेण विशिष्टायां पुण्यायां पुण्यकाले महापुण्य शुभतिथौ – [सिङ्गल]-गोत्रोद्-

भवानां [पुनर्वसु]-नक्षत्रे [कर्क]-राशौ जातानां [your name]- श्री वेद विज्ञान महाविद्यापीठे विराजमानानां श्री श्री गुरुणां तथा आश्रमे आगामितानां सर्वेषां भक्त-महाजनानां अस्माकं सहकुटुम्बानां बन्धुजनवर्गस्य - क्षेम, स्थैर्य-वीर्य-विजय-आयुः, आयुष्य आरोग्य, ऐश्वर्याणाम् अभिवृद्धिः अर्थं, देशविदेशेषु सनातन धर्म प्रचार कार्येषु यशोलाभ प्राप्त्यर्थं, समस्त-मङ्गल-अवाप्ति-अर्थं, अलक्ष्मी निवार्णार्थं, अष्टलक्ष्मी स्थैर्यता सिद्धि-अर्थं , समस्त-दुरित-उपशान्ति-अर्थं, इष्ट-काम्यर्थ-सिद्धि-अर्थं, धर्म-अर्थ-काम-मोक्ष चतुर्विधफल पुरुषार्थ-सिद्धि-अर्थं, श्री सूर्य-गणपत्यम्बिका-शिव-विष्णु-देवता प्रीति-अर्थं , प्रसादेन सर्वारिष्ट शान्ति-अर्थं, सर्वान्-अनुकूलता सिद्ध्यर्थं, सर्वमनोरथ अवाप्ति-अर्थं, श्रेयोभिः अभिवृद्धि-अर्थं, समस्तपापक्षयपूर्वकं महा पुण्यकाले - पञ्चामृताभिषेकं श्रीरुद्राभिषेक-पूजनं श्रीसाम्बसदाशिव-षोडशोपचार-पूजा-आराधनं च करिष्ये ।

आदौ निर्विघ्नता सिद्ध्यर्थं श्रीमहागणपतिं पूजां करिष्ये ।
ॐ ग॒णानां॑ त्वा ग॒णप॑तिꣳ हवामहे क॒विं क॑वी॒नाम् उ॑प॒मश्र॑वस्तमम् । ज्ये॒ष्ठ॒रा॒जं॑ ब्रह्म॑णां ब्रह्मणस्पत॒ आ न॑श् शृ॒ण्वन्नू॒तिभि॑स् सीद॒ साद॑नम् ॥ वक्रतुण्ड महाकाय सूर्यकोटी समप्रभ । निर्विघ्नं कुरु मे देव सर्वकार्येषु सर्वदा ॥

Kalasha Puja अथ कलशार्चनम्

कलशस्य मुखे विष्णुः कण्ठे रुद्रस् समाश्रितः । मूले तत्र स्थितो ब्रह्मा मध्ये मातृगणास् स्मृताः ॥ कुक्षौ तु सागरास् सर्वे सप्तद्वीपा वसुन्धरा । ऋग्वेदोऽथ यजुर्वेदस् सामवेदो ह्यथर्वणः ॥ अङ्गैश्च सहितास् सर्वे कलशं तु समाश्रिताः । अत्र गायत्री सावित्री शान्तिः पुष्टिकरी तथा ॥ आयान्तु देवपूजार्थं दुरितक्षयकारकाः । सर्वे समुद्रास् सरितस् तीर्थानि जलदा नदाः ॥ गङ्गे च यमुने चैव गोदावरि सरस्वति । नर्मदे सिन्धु कावेरि जलेऽस्मिन् सन्निधिं कुरु ॥

Shankh Puja अथ शङ्खार्चनम्

व्यापक मण्डलाय नमः । ॐ वं वह्नि-मण्डलाय धर्मप्रद दश-कलात्मने नमः । ॐ अं अर्क-मण्डलाय अर्थप्रद द्वादश-कलात्मने नमः । प्रणवेन ॐ इति जलम् आपूर्य । ॐ मं सोम-मण्डलाय कामप्रद षोडश कलात्मने नमः।

Mudras Display मुद्रां प्रदर्श्यः

चक्र मुद्रया संरक्ष्य । सुरभि मुद्रया अमृती कृत्य । तार्क्ष मुद्रया निर्वीषी कृत्य । शङ्ख मुद्रां प्रदर्श्य । ॐ पाञ्चजन्याय विद्महे पद्मगर्भाय धीमहि । तन्नश् शङ्खः प्रचोदयात् ॥ शङ्ख-देवताभ्यो नमः । सकल पूजार्थे अक्षतान् समर्पयामि ।

Sprinkling Water

शङ्खोदकेन पूजाद्रव्याणि प्रोक्ष्य, पूजोपकरणं संप्रोक्ष्य, देवस्य मूर्तिः अस्मिन् प्रोक्ष्य, आत्मानं च प्रोक्ष्य । शङ्खमध्ये स्थितं तोयं भ्रामितं केशवोपरि । अङ्गलग्नं मनुष्याणां ब्रह्महत्यायुतं दहेत् ॥ पुनः शङ्खे जलम् पूर्यित्वा देवस्य दक्षिणदिग्भागे स्थापयेत् ॥

One becomes Shiva अथ आत्मार्चनम्

यो वेदादौ स्वरः प्रोक्तो वेदान्ते च प्रतिष्ठितः । तस्य प्रकृतिलीनस्य यः परस् स महेश्वरः ॥ तस्याः शिखाया मध्ये परमात्मा व्यवस्थितः । स ब्रह्म स शिवस् स हरिस् स इन्द्रस् सोऽक्षरः परमस् स्वराट् ॥

Invoking the 14 lokas

ॐ अतलाय नमः । ॐ वितलाय नमः ।ॐ सुतलाय नमः । ॐ तलातलाय नमः । ॐ रसातलाय नमः । ॐ महातलाय नमः । ॐ पातालाय नमः । ॐ भूर्लोकाय नमः । ॐ भुवर्लोकाय नमः । ॐ स्वर्लोकाय नमः । ॐ महर्लोकाय नमः । ॐ जनोलोकाय नमः । ॐ तपोलोकाय नमः । ॐ सत्यलोकाय नमः ॥ ॐ चतुर्दशभुवनाधीश्वराय नमः ॥ ॐ उत्तरतः चण्डेश्वराय नमः । सर्वस्य देवता नमः । इति विसर्जयेत् । इत्यात्मार्चनम् ।

Invoking the Yonis अथ मण्टपार्चनम्

ॐ यक्षेभ्यो नमः । ॐ रक्षेभ्यो नमः । ॐ अप्सरेभ्यो नमः । ॐ गन्धर्वेभ्यो नमः । ॐ किन्नरेभ्यो नमः । ॐ गोभ्यो नमः । ॐ देव-मातृभ्यो नमः । ॐ मण्टपाश्रितदेवताभ्यो नमः। जल गन्धाद्युपचार पूजां समर्पयामि ॥

Dvarpal Puja अथ द्वारपाल-पूजां करिष्ये

ॐ पूर्वद्वारे द्वारश्रियै नमः । धात्रे नमः । विधात्रे नमः । ॐ दक्षिणद्वारे द्वारश्रियै नमः । चण्डाय नमः । प्रचण्डाय नमः । ॐ पश्चिमद्वारे द्वारश्रियै नमः । जयाय नमः । विजयाय

नमः । ॐ उत्तरद्वारे द्वारश्रियै नमः । शङ्खनिधये नमः । पुष्पनिधये नमः । द्वारपाल पूजां समर्पयामि ॥

5 Devas Puja आवाहनम्

ॐ भास्कराय विद्महे महद्द्युतिकराय धीमहि । तन्नो आदित्यः प्रचोदयात् । श्री सूर्याय नमः । आवाहयामि । स्थापयामि । पूजयामि ॥ ॐ एकदन्ताय विद्महे वक्रतुण्डाय धीमहि । तन्नो दन्तिः प्रचोदयात् । श्रीमन् महागणपतये नमः । आवाहयामि । स्थापयामि । पूजयामि ॥ ॐ कात्यायनाय विद्महे कन्यकुमारि धीमहि । तन्नो दुर्गिः प्रचोदयात् । श्री दुर्गायै नमः । आवाहयामि । स्थापयामि । पूजयामि ॥ ॐ तत्पुरुषाय विद्महे महादेवाय धीमहि । तन्नो रुद्रः प्रचोदयात् । श्रीसाम्बसदाशिवाय नमः । आवाहयामि । स्थापयामि । पूजयामि ॥ ॐ नारायणाय विद्महे वासुदेवाय धीमहि । तन्नो विष्णुः प्रचोदयात् । श्रीमन् महाविष्णवे नमः । आवाहयामि । स्थापयामि । पूजयामि ॥ आह्वयन्त श्रीसूर्य-गणपत्यम्बिका-शिव-विष्णुदेवताभ्यो नमः । ध्यायामि । ध्यानं समर्पयामि ।

आसनम् आवाहयामि । रत्न-सिंहासनं समर्पयामि ।

पाद्यम् पादारविन्दयोः पाद्यं पाद्यं समर्पयामि ।

अर्घ्यम् हस्तयोः अर्घ्यं अर्घ्यं समर्पयामि ।

आचमनम् मुखारविन्दे आचमनीयं आचमनीयं समर्पयामि । सर्वाङ्गेषु स्नानम् ।

Pancamrit Snanam पञ्चामृताभिषेकं

Invoking the pancamrit devatas

पञ्चामृताभिषेकं कर्तुम् पञ्चदेवता-आह्वान-पूजां करिष्ये । ॐ क्षीरेसोमाय नमः । सोमम् आवाहयामि । स्थापयामि । पूजयामि ॥ ॐ दध्निवायवे नमः । वायुम् आवाहयामि । स्थापयामि । पूजयामि ॥ ॐ घृतेरवये नमः । रविम् आवाहयामि । स्थापयामि । पूजयामि ॥ ॐ मधुनिविश्वेभ्यो देवेभ्यो नमः । विश्वान् देवान् आवाहयामि । स्थापयामि । पूजयामि ॥ ॐ शर्करायांसवित्रे नमः । सवितारम् आवाहयामि । स्थापयामि । पूजयामि ॥ आह्वाहित पञ्चद्रव्य देवताभ्यो नमः । जल-गन्धादि पूजां समर्पयामि ॥

Marjanam आदौ मलापकर्ष-स्नानं करिष्ये

ॐ आपो हि ष्ठा मयो भुवस्तान ऊर्जे दधातन । महे रणाय चक्षसे । यो वः शिवतमो रसस् तस्य भाजयते ह नः । उशतीरिव मातरः । तस्मा अरङ्ग माम वो यस्य क्षयाय जिन्वथ । आपो जनयथा च नः ॥ मलापकर्ष-स्नानं समर्पयामि ॥

आदौ क्षीरेण स्ना पयिष्ये Milk

ॐ आप्यायस्व समेतु ते विश्वतस् सोम वृष्णियम् । भवा वाजस्य सङ्गथे ॥ क्षीरस्नानं समर्पयामि । क्षीरस्नानान्तरम् शुद्धोदकेन स्ना पयिष्ये । ॐ सद्योजातं प्रपद्यामि सद्योजाताय वै नमो नमः । भवे भवे नातिभवे भवस्व माम् । भवोद्भवाय नमः ॥ शुद्धोदकस्नानं समर्पयामि ॥

दध्ना स्ना पयिष्ये Curd

ॐ दधिक्राव्णणो अकारिषं जिष्णोरश्वस्य वाजिनः । सुरभि नो मुखा करत्प्रण आयूꣳषि तारिषत् ॥ दधिस्नानं समर्पयामि । ॐ वामदेवाय नमो ज्येष्ठाय नमः श्रेष्ठाय नमो रुद्राय नमꣳ कालाय नमꣳ कलविकरणाय नमो बलविकरणाय नमो बलाय नमो बलप्रमथनाय नमस् सर्वभूतदमनाय नमो मनोन्मनाय नमः ॥ शुद्धोदकस्नानं समर्पयामि ॥

घृतेन स्ना पयिष्ये Ghee

ॐ शुक्रमसि ज्योतिरसि तेजोऽसि देवो वस् सवितोत् पुनात्वच्छिद्रेण पवित्रेण वसोस् सूर्यस्य रश्मिभिः ॥ घृतस्नानं समर्पयामि ॥ ॐ अघोरेभ्योऽथ् अघोरेभ्यो घोरघोरतरेभ्यः । सर्वेभ्यस् सर्वशर्वेभ्यो नमस्ते अस्तु रुद्ररूपेभ्यः ॥ शुद्धोदकस्नानं समर्पयामि ॥

मधुना स्ना पयिष्ये Honey

ॐ मधु वाता ऋतायते मधु क्षरन्ति सिन्धवः । माध्वीर्नस् सन्त्वोषधीः ॥ मधुनक्तमुतोषसि मधुमत्पार्थिवꣳ रजः । मधु द्यौरस्तु नꣳ पिता ॥ मधुमान्नो वनस्पतिर्मधुमाꣳ अस्तु सूर्यः । माध्वीर्गावो भवन्तु नः ॥ मधुस्नानं समर्पयामि । ॐ तत्पुरुषाय विद्महे महादेवाय धीमहि । तन्नो रुद्रꣳ प्रचोदयात् ॥ शुद्धोदकस्नानं समर्पयामि ॥

शर्करया स्ना पयिष्ये Shakkar

ॐ स्वादुः पवस्व दिव्याय जन्मने स्वादुर् इन्द्राय सुहवीतु नाम्ने । स्वादुर् मित्राय वरुणाय वायवे बृहस्पतये मधुमाः अदाभ्यः ॥ शर्करास्नानं समर्पयामि । ॐ ईशानस् सर्वविद्यानाम् ईश्वरस् सर्वभूतानां ब्रह्माधिपतिर् ब्रह्मणोऽधिपतिर् ब्रह्मा शिवो मे अस्तु सदा शिवोम् ॥ शुद्धोदकस्नानं समर्पयामि ॥

क्षीरो दधि-घृतं चैव मधु-शर्करान्वितम् । पञ्चामृतं गृहाणेदं जगन्नाथ नमोस्तुते ॥ पञ्चामृताभिषेक-स्नानं समर्पयामि ॥

Ganapati Atharvashirsha

अथ महा-अभिषेके विनियोगः

ॐ भद्रं कर्णेभिश् शृणुयाम देवाः । भद्रं पश्ये माक्षभिर् यजत्राः । स्थिरैरङ्गैस् तुष्टुवाꣳ सस्तनूभिः । व्यशेम देवहितयँ यदायुः । स्वस्ति न इन्द्रो वृद्धश्रवाः । स्वस्ति नः पूषा विश्ववेदाः । स्वस्ति नस्ताक्ष्यो अरिष्टनेमिः । स्वस्ति नो बृहस्पतिर्दधातु ॥ ॐ शान्तिः शान्तिः शान्तिः ॥

ॐ नमस्ते गणपतये । त्वमेव प्रत्यक्षं तत्त्वमसि । त्वमेव केवलं कर्ताऽसि । त्वमेव केवलं धर्ताऽसि । त्वमेव केवलं हर्ताऽसि । त्वमेव सर्वं खल्विदं ब्रह्मासि । त्वं साक्षाद् आत्माऽसि नित्यम् ॥ १॥ ऋतं वच्मि । सत्यं वच्मि ॥ २॥ अव त्वं माम् । अव वक्तारम् । अव श्रोतारम् । अव दातारम् । अव धातारम् । अवानूचानमव शिष्यम् । अव पश्चात्तात् । अव पुरस्तात् । अवोत्तरात्तात् । अव दक्षिणात्तात् । अव चोर्ध्वात्तात् । अवाधरात्तात् । सर्वतो मां पाहि पाहि समन्तात् ॥ ३॥ त्वं वाङ्मयस् त्वं चिन्मयः । त्वम् आनन्दमयस् त्वं ब्रह्ममयः । त्वं सच्चिदानन्दाऽद्वितीयोऽसि । त्वं प्रत्यक्षं ब्रह्मासि । त्वं ज्ञानमयो विज्ञानमयोऽसि ॥ ४॥ सर्वं जगदिदं त्वत्तो जायते । सर्वं जगदिदं त्वत्तस् तिष्ठति । सर्वं जगदिदं त्वयि लयमेष्यति। सर्वं जगदिदं त्वयि प्रत्येति । त्वं भूमिरापोऽनलोऽनिलो नभः । त्वं चत्वारि वाक्पदानि ॥ ५॥ त्वं गुणत्रयातीतः । त्वम् अवस्थात्रयातीतः । त्वं देहत्रयातीतः । त्वं कालत्रयातीतः । त्वं मूलाधारस्थितोऽसि नित्यम् । त्वं शक्तित्रयात्मकः

। त्वाँ योगिनो ध्यायन्ति नित्यम् । त्वं ब्रह्मा त्वं विष्णुस् त्वं रुद्रस् त्वं इन्द्रस् त्वं अग्निस् त्वं वायुस् त्वं सूर्यस् त्वं चंद्रमास् त्वं ब्रह्म भूर्भुवस् सुवरोम् ॥ ६ ॥ गणादिं पूर्वमुच्चार्य वर्णादीं स्तदनन्तरम् । अनुस्वारः परतरः । अर्धेन्दुलसितम् । तारेण ऋद्धम् । एतत् तव मनर्नुस्वरूपम् । गकारः पूर्वरूपम् । अकारो मध्यमरूपम् । अनुस्वारश्चान्त्यरूपम् । बिन्दुरुत्तररूपम् । नादस् सन्धानम् । सꣳहिता सन्धिः । सैषा गणेशविद्या । गणक ऋषिः । निचृद् गायत्रीच्छन्दः । श्री महागणपतिर् देवता । ॐ गं गणपतये नमः ॥ ७॥ एकदन्ताय विद्महे वक्रतुण्डाय धीमहि । तन्नो दन्तिः प्रचोदयात् ॥ ८॥ एकदन्तं चतुर् हस्तं पाशम् अङ्कुशधारिणम् । रदं च वरदं हस्तैर् विभ्राणं मूषकध्वजम् । रक्तं लम्बोदरं शूर्पकर्णकं रक्तवाससम् । रक्तगन्धानुलिप्ताङ्गं रक्तपुष्पैस् सुपूजितम् । भक्तानुकम्पिनं देवं जगत् कारणम् अच्युतम् । आविर्भूतं च सृष्ट्यादौ प्रकृतेः पुरुषात्परम् । एवं ध्यायति यो नित्यं स योगी योगिनां वरः ॥ ९॥ नमो व्रातपतये । नमो गणपतये । नमः प्रमथपतये । नमस्ते अस्तु लम्बोदरायैकदन्ताय विघ्नविनाशिने शिवसुताय श्रीवरदमूर्तये नमो नमः ॥ १०॥

<u>फलश्रुति</u> एतद् अथर्वशीर्षं योऽधीते स ब्रह्मभूयाय कल्पते । स सर्वविघ्नैर् न बाध्यते । स सर्वत्र सुखमेधते । स पञ्चमहापापात् प्रमुच्यते । सायम् अधीयानो दिवसकृतं पापं नाशयति । प्रातर् अधीयानो रात्रिकृतं पापं नाशयति । सायं प्रातः प्रयुञ्जानो पापोऽपापो भवति । सर्वत्राधीयानोऽपविघ्नो भवति । धर्मार्थकाममोक्षं च विन्दति । इदम् अथर्वशीर्षम् अशिष्याय न देयम् । यो यदि मोहाद् दास्यति स पापीयान् भवति । सहस्रावर्तनाद् यँ यं काममधीते तं तमनेन साधयेत् ॥ ११॥ अनेन गणपतिम् अभिषिञ्चति स वाग्मी भवति । चतुर्थ्यामन् अश्नन् जपति स विद्यावान् भवति । इत्यथर्वणवाक्यम् । ब्रह्माद्यावरणं विद्यान् न बिभेति कदाचनेति ॥ १२॥ यो दूर्वाङ्कुरैर् यजति स वैश्रवणोपमो भवति । यो लाजैर् यजति स यशोवान् भवति । स मेधावान् भवति । यो मोदकसहस्रेण यजति स वाञ्छितफलम् अवाप्नोति । यस् साज्य समिद्भिर् यजति स सर्वँ लभते स सर्वँ लभते ॥ १३॥ अष्टौ ब्राह्मणान् सम्यग् ग्राहयित्वा सूर्यवर्चस्वी भवति । सूर्यग्रहे महानद्यां प्रतिमासन्निधौ वा जप्त्वा सिद्धमन्त्रो भवति । महाविघ्नात् प्रमुच्यते । महादोषात् प्रमुच्यते । महापापात् प्रमुच्यते । महाप्रत्यवायात् प्रमुच्यते । स सर्वविद् भवति स सर्वविद् भवति । य एवं वेद । इत्युपनिषत् ॥ १४॥

शान्ति मन्त्रः ॐ सह नाववतु । सह नौ भुनक्तु । सह वीर्यं करवावहै । तेजस्विनावधीतमस्तु मा विद्विषावहै ॥ ॐ शान्तिः शान्तिः शान्तिः ॥

Laghu Nyasa लघुन्यासः

अथ आत्मनि देवताः स्थापयेत् । प्रजनने ब्रह्मा तिष्ठतु । पादयोर्विष्णुस् तिष्ठतु । हस्तयोर् हरस् तिष्ठतु । बाह्वोर् इन्द्रस् तिष्ठतु। जठरेऽग्निस् तिष्ठतु । हृदये शिवस् तिष्ठतु । कण्ठे वसवस् तिष्ठन्तु । वक्त्रे सरस्वती तिष्ठतु । नासिक्योर् वायुस् तिष्ठतु । नयनयोश् चन्द्रादित्यौ तिष्ठेताम् । कर्णयोर् अश्विनौ तिष्ठेताम् । ललाटे रुद्रास् तिष्ठन्तु । मूर्ध्न्य आदित्यास् तिष्ठन्तु । शिरसि महादेवस् तिष्ठतु । शिखायां वामदेवस् तिष्ठतु । पृष्ठे पिनाकी तिष्ठतु । पुरतः शूली तिष्ठतु । पार्श्वयोः शिवाशङ्करौ तिष्ठेताम् । सर्वतो वायुस् तिष्ठतु । ततो बहिः सर्वतोऽग्निर् ज्वालामाला-परिवृतस् तिष्ठतु । सर्वेष्वङ्गेषु सर्वा देवता यथास्थानं तिष्ठन्तु । मां रक्षन्तु ॥ अस्माकं सर्वेषाम् रक्षन्तु ।

ॐ अग्निर् मे वाचि श्रितः । वाग्धृदये । हृदयं मयि । अहम् अमृते । अमृतं ब्रह्मणि । वायुर् मे प्राणे श्रितः । प्राणो हृदये । हृदयं मयि । अहम् अमृते । अमृतं ब्रह्मणि । सूर्यो मे चक्षुषि श्रितः । चक्षुर् हृदये । हृदयं मयि । अहम् अमृते । अमृतं ब्रह्मणि । चन्द्रमा मे मनसि श्रितः । मनो हृदये । हृदयं मयि । अहम् अमृते । अमृतं ब्रह्मणि । दिशो मे श्रोत्रे श्रिताः । श्रोत्रꣳ हृदये । हृदयं मयि । अहम् अमृते । अमृतं ब्रह्मणि । आपो मे रेतसि श्रिताः । रेतो हृदये । हृदयं मयि । अहम् अमृते । अमृतं ब्रह्मणि । पृथिवी मे शरीरे श्रिता । शरीरꣳ हृदये । हृदयं मयि । अहम् अमृते । अमृतं ब्रह्मणि । ओषधिवनस्पतयो मे लोमसु श्रिताः। लोमानि हृदये। हृदयं मयि । अहम् अमृते। अमृतं ब्रह्मणि । इन्द्रो मे बले श्रितः । बलꣳ हृदये । हृदयं मयि । अहम् अमृते । अमृतं ब्रह्मणि । पर्जन्यो मे मूर्ध्नि श्रितः । मूर्धा हृदये । हृदयं मयि । अहम् अमृते । अमृतं ब्रह्मणि । ईशानो मे मन्यौ श्रितः । मन्युर् हृदये । हृदयं मयि । अहम् अमृते । अमृतं ब्रह्मणि । आत्मा म आत्मनि श्रितः । आत्मा हृदये । हृदयं मयि । अहम् अमृते । अमृतं ब्रह्मणि । पुनर्म आत्मा पुनर् आयुरागात् । पुनꣳ प्राणꣳ पुनराकूतम् आगात् । वैश्वानरो रश्मिभिर् वावृधानः । अन्तस् तिष्ठत्वमृतस्य गोपाः ॥

अस्य श्रीरुद्रस्य प्रश्नस्य अनुष्टुप् छन्दः , अघोर ऋषिः , अमृतानुष्टुप् छन्दः , श्रीसङ्कर्षणमूर्ति-स्वरूपो योऽसावादित्यः । स एष परमपुरुषस् स मृत्युञ्जय त्र्यम्बको रुद्रो देवता । अग्निꣳ क्रतुचरुमायामिष्टिकायां सकलस्य रुद्राध्यायस्य श्रीरुद्रो देवता । एका गायत्री छन्दः । तिस्रोऽनुष्टुभः तिस्रꣳ पङ्क्तयः , सप्ताऽनुष्टुभौ द्वे जगत्यौ , परमेष्ठी ऋषिः जगती छन्दः । [नमः शिवायेति बीजम् । शिवतरायेति शक्तिः । महादेवायेति कीलकम् ।] अस्माकं सर्वेषां समस्तपापक्षयार्थे न्यासे विनियोगः ॥

अथ कर-न्यासः

ॐ अग्निहोत्रात्मने अङ्गुष्ठाभ्यां नमः । ॐ दर्शपूर्णमासात्मने तर्जनीभ्यां नमः । ॐ चातुर्मास्यात्मने मध्यमाभ्यां नमः । ॐ निरूढपशुबन्धात्मने अनामिकाभ्यां नमः । ॐ ज्योतिष्ठोमात्मने कनिष्ठिकाभ्यां नमः । ॐ सर्वक्रत्वात्मने कर-तल-कर-पृष्ठाभ्यां नमः ॥

अथ हृदयादि अङ्ग-न्यासः ॐ अग्निहोत्रात्मने हृदयाय नमः । ॐ दर्शपूर्णमासात्मने शिरसे स्वाहा । ॐ चातुर्मास्यात्मने शिखायै वषट् । ॐ निरूढ-पशुबन्धात्मने कवचाय हुम् । ॐ ज्योतिष्ठोम् आत्मने नेत्रत्रयाय वौषट् । ॐ सर्वक्रत्वात्मने अस्त्राय फट् ॥ भूर्भुवस्सुवरोम् इति दिग्बन्धः ॥

Dhyanam ध्यानम्

आपाताळ-नभस् स्थलान्त-भुवन-ब्रह्माण्डम् आविस्फुरत् ज्योतिस् स्फाटिक-लिङ्ग-मौळि-विलसत्पूर्णेन्दु-वान्तामृतैः । अस्तोकाप्लुतम् एकम् ईशम् अनिशं रुद्रानुवाकाञ्जपन् ध्याये-दीप्सित-सिद्धये ध्रुवपदं विप्रोऽभिषिञ्चे-च्छिवम् ॥ ब्रह्माण्ड-व्याप्तदेहा भसित-हिमरुचा भासमाना भुजङ्गैः कण्ठे कालाꣳ कपर्दाकलित-शशिकलाश् चण्डकोदण्डहस्ताः । त्र्यक्षा रुद्राक्षभूषाः प्रणतभयहराश् शाम्भवा मूर्तिभेदाः रुद्राः श्रीरुद्रसूक्त-प्रकटितविभवा नꣳ प्रयच्छन्तु सौख्यम् ॥

Shiva Sankalpa Sukta

कैलास शिखरे रम्ये शङ्करस्य शिवालये । देवतास् तत्र मोदन्ति तन्मे मनश् शिवसङ्कल्पमस्तु ॥ शुद्धस्फटिक-सन्काशं शुद्धविद्या प्रदायकम् । शुद्धं पूर्णं चिदानन्दं सदाशिवमहं भजे ॥

Shantipatha for Rudram चमकप्रश्नः 3rd Anuvaka

ॐ शं च मे मयश्च मे प्रियं च मेऽनुकामश्च मे कामश्च मे सौमनसश्च मे भद्रं च मे श्रेयश्च मे वस्यश्च मे यशश्च मे भगश्च मे द्रविणं च मे यन्ता च मे धर्ता च मे क्षेमश्च मे धृतिश्च मे विश्वं च मे महश्च मे संविच्च मे ज्ञात्रं च मे सूश्च मे प्रसूश्च मे सीरं च मे लयश्च म ऋतं च मेऽमृतं च मेऽयक्ष्मं च मेऽनामयच्च मे जीवातुश्च मे दीर्घायुत्वं च मेऽनमित्रं च मेऽभयं च मे सुगं च मे शयनं च मे सूषा च मे सुदिनं च मे ॥

ॐ इडा देवहूर् मनुर्यज्ञनीर् बृहस्पतिरुक्थामदानि शꣳसिषद् विश्वे देवास् सूँक्तवाचꣳ पृथिविमातर्मा मा हिꣳसीर् मधु मनिष्ये मधु जनिष्ये मधु वक्ष्यामि मधु वदिष्यामि मधुमतीं देवेभ्यो वाचमुद्यासꣳ शुश्रूषेण्याँ मनुष्येँभ्यस्तं मा देवा अवन्तु शोभायै पितरोऽनुमदन्तु॥
ॐ शान्तिः शान्तिः शान्तिः ॥

Namakam श्री रुद्रप्रश्नः ॥ नमकम्

ॐ नमो भगवते रुद्राय ॥ ॐ नमस्ते रुद्र मन्यव उतोत इषवे नमः । नमस्ते अस्तु धन्वने बाहुभ्यामुत ते नमः । या त इषुश् शिवतमा शिवं बभूव ते धनुः । शिवा शरव्या या तव तया नो रुद्र मृडय । या ते रुद्र शिवा तनूरघोराऽपापकाशिनी । तया नस्तनुवा शन्तमया गिरिशन्ताभिचाकशीहि । यामिषुं गिरिशन्त हस्ते बिभर्ष्यस्तवे । शिवां गिरित्र तां कुरु मा हिꣳसीः पुरुषं जगत् । शिवेन वचसा त्वा गिरिशाच्छावदामसि । यथा नस् सर्वमिज्जगदयक्ष्मꣳ सुमना असत् । अध्यवोचदधिवक्ता प्रथमो दैव्यो भिषक् । अहीꣳश्च सर्वाञ्जम्भयन्त्सर्वाश्च यातुधान्यः । असौ यस्ताम्रो अरुण उत बभ्रुस् सुमङ्गलः । ये चेमाꣳ रुद्रा अभितो दिक्षु श्रितास् सहस्रशोऽवैषाꣳ हेड ईमहे । असौ योऽवसर्पति नीलग्रीवो विलोहितः । उतैनं गोपा अदृशन्नदृशन्नुदहार्यः । उतैनं विश्वा भूतानि स दृष्टो मृडयाति नः । नमो अस्तु नीलग्रीवाय सहस्राक्षाय मीढुषे । अथो ये अस्य सत्त्वानोऽहं तेभ्योऽकरन् नमः । प्रमुञ्च धन्वनस्त्वम् उभयोरार्त्नि योर्ज्याम् । याश्च ते हस्त इषवः परा ता भगवो वप । अवतत्य धनुस्त्वꣳ सहस्राक्ष शतेषुधे । निशीर्य शल्यानां मुखा शिवो नस् सुमना भव । विज्यं धनुः कपर्दिनो विशल्यो बाणवाꣳ उत । अनेशन्नस्येषव आभुरस्य निषङ्गथिः । या ते हेतिर्मीढुष्टम हस्ते बभूव ते धनुः । तयाऽस्मान् विश्वतस्त्वमयक्ष्मया परिब्भुज । नमस्ते अस्त्वायु-धाया-नातताय धृष्णवे । उभाभ्यामुत ते नमो बाहुभ्यां तव धन्वने । परि ते धन्वनो हेतिर् अस्मान्वृणक्तु विश्वतः । अथो य इषुधिस्तवारे अस्मन्निधेहि तम् ॥ (श्रीशम्भवे नमः) ॥ नमस्ते अस्तु भगवन् विश्वेश्वराय महादेवाय त्र्यम्बकाय त्रिपुरान्तकाय त्रिकाग्निकालाय कालाग्निरुद्राय नीलकण्ठाय मृत्युञ्जयाय सर्वेश्वराय सदाशिवाय श्रीमन् महादेवाय नमः ॥ १ ॥

नमो हिरण्यबाहवे सेनान्ये दिशाञ्च पतये नमो नमो वृक्षेभ्यो हरिकेशेभ्यः पशूनां पतये नमो नमस् सस्पिञ्जराय त्विषीमते पथीनां पतये नमो नमो बभ्लुशाय विव्याधिनेऽन्नानां पतये नमो नमो हरिकेशायोपवीतिने पुष्टानां पतये नमो नमो भवस्य हेत्यै जगतां पतये नमो नमो रुद्रायातताविने क्षेत्राणां पतये नमो नमस् सूतायाहन्त्याय वनानां पतये नमो नमो रोहिताय स्थपतये वृक्षाणां पतये नमो नमो मन्त्रिणे वाणिजाय कक्षाणां पतये नमो नमो भुवन्तये वारिवस्कृतायौषधीनां पतये नमो नम उच्चैर् घोषायाक्रन्दयते पत्तीनां पतये नमो नमः कृत्स्नवीताय धावते सत्त्वनां पतये नमः ॥ २ ॥

नमस् सहमानाय निव्याधिन आव्याधिनीनां पतये नमो नमᳲ ककुभाय निषङ्गिणे स्तेनानां पतये नमो नमो निषङ्गिण इषुधिमते तस्कराणां पतये नमो नमो वञ्चते परिवञ्चते स्तायूनां पतये नमो नमो निचेरवे परिचरायारण्यानां पतये नमो नमस् सृकाविभ्यो जिघांसद्भ्यो मुष्णतां पतये नमो नमोऽसिमद्भ्यो नक्तंचरद्भ्यᳲ प्रकृन्तानां पतये नमो नम उष्णीषिणे गिरिचराय कुलुञ्चानां पतये नमो नम इषुमद्भ्यो धन्वाविभ्यश्च वो नमो नम आतन्वानेभ्यᳲ प्रतिदधानेभ्यश्च वो नमो नम आयच्छद्भ्यो विसृजद्भ्यश्च वो नमो नमोऽस्यद्भ्यो विध्यद्भ्यश्च वो नमो नम आसीनेभ्यश् शयानेभ्यश्च वो नमो नमस् स्वपद्भ्यो जाग्रद्भ्यश्च वो नमो नमस् तिष्ठद्भ्यो धावद्भ्यश्च वो नमो नमस् सभाभ्यस् सभापतिभ्यश्च वो नमो नमो अश्वेभ्यो अश्वपतिभ्यश्च वो नमः ॥ ३ ॥

नम आव्याधिनीभ्यो विविध्यन्तीभ्यश्च वो नमो नम उगणाभ्यस्तृंहतीभ्यश्च वो नमो नमो गृत्सेभ्यो गृत्सपतिभ्यश्च वो नमो नमो व्रातेभ्यो व्रातपतिभ्यश्च वो नमो नमो गणेभ्यो गणपतिभ्यश्च वो नमो नमो विरूपेभ्यो विश्वरूपेभ्यश्च वो नमो नमो महद्भ्यः क्षुल्लकेभ्यश्च वो नमो नमो रथिभ्योऽरथेभ्यश्च वो नमो नमो रथेभ्यो रथपतिभ्यश्च वो नमो नमस् सेनाभ्यस् सेनानिभ्यश्च वो नमो नमः क्षत्तृभ्यस् संग्रहीतृभ्यश्च वो नमो नमस् तक्षभ्यो रथकारेभ्यश्च वो नमो नमᳲ कुलालेभ्यᳲ कर्मारेभ्यश्च वो नमो नमᳲ पुञ्जिष्टेभ्यो निषादेभ्यश्च वो नमो नम इषुकृद्भ्यो धन्वकृद्भ्यश्च वो नमो नमो मृगयुभ्यश् श्वनिभ्यश्च वो नमो नमश् श्वभ्यश् श्वपतिभ्यश्च वो नमः ॥ ४ ॥

नमो भवाय च रुद्राय च नमश् शर्वाय च पशुपतये च नमो नीलग्रीवाय च शितिकण्ठाय च नमᳲ कपर्दिने च व्युप्तकेशाय च नमस् सहस्राक्षाय च शतधन्वने च नमो गिरिशाय च शिपिविष्टाय च नमो मीढुष्टमाय चेषुमते च नमो ह्रस्वाय च वामनाय च नमो बृहते च वर्षीयसे च नमो वृद्धाय च संवृध्वने च नमो अग्रियाय च प्रथमाय च नम आशवे चाजिराय च नमश् शीघ्रियाय च शीभ्याय च नम ऊर्म्याय चावस्वन्याय च नमस् स्रोतस्याय च द्वीप्याय च ॥ ५ ॥

नमो॑ ज्ये॒ष्ठाय॑ च कनि॒ष्ठाय॑ च॒ नम॑ᳶ पूर्व॒जाय॑ चापर॒जाय॑ च॒ नमो॑ मध्य॒माय॑ चापग॒ल्भाय॑ च॒ नमो॑ जघ॒न्या॑य च॒ बुध्नि॑याय च॒ नम॑स् सो॒भ्या॑य च प्रतिस॒र्या॑य च॒ नमो॒ याम्या॑य च॒ क्षेम्या॑य च॒ नम॑ उर्व॒र्या॑य च॒ खल्या॑य च॒ नम॒श् श्लोक्या॑य चाऽवसा॒न्या॑य च॒ नमो॒ वन्या॑य च॒ कक्ष्या॑य च॒ नम॑श् श्र॒वाय॑ च प्रतिश्र॒वाय॑ च॒ नम॑ आ॒शुषे॑णाय चा॒शुर॑थाय च॒ नम॒श् शूरा॑य चावभिन्द॒ते च॒ नमो॑ व॒र्मिणे॑ च वरू॒थिने॑ च॒ नमो॑ बि॒ल्मिने॑ च कव॒चिने॑ च॒ नम॑श् श्रु॒ताय॑ च श्रुतसे॒नाय॑ च ॥ ६ ॥

नमो॑ दुन्दु॒भ्या॑य चाहन॒न्या॑य च॒ नमो॑ धृ॒ष्णवे॑ च प्रमृ॒शाय॑ च॒ नमो॑ दू॒ताय॑ च॒ प्रहि॑ताय च॒ नमो॑ निष॒ङ्गिणे॑ चेषुधि॒मते॑ च॒ नम॑स्ती॒क्ष्णेष॑वे चायु॒धिने॑ च॒ नम॑स् स्वायु॒धाय॑ च सु॒धन्व॑ने च॒ नम॒स् स्रुत्या॑य च॒ पथ्या॑य च॒ नम॑ᳶ का॒ट्या॑य च नी॒प्या॑य च॒ नम॒स् सूद्या॑य च सर॒स्या॑य च॒ नमो॑ ना॒द्याय॑ च वैश॒न्ताय॑ च॒ नम॑ᳶ कूप्या॑य चाव॒ट्या॑य च॒ नमो॒ वर्ष्या॑य चाव॒र्ष्याय॑ च॒ नमो॑ मे॒घ्या॑य च विद्यु॒त्या॑य च॒ नम॑ ईध्रि॒या॑य चात॒प्या॑य च॒ नमो॒ वात्या॑य च॒ रेष्मि॑याय च॒ नमो॑ वास्त॒व्या॑य च वास्तु॒पाय॑ च ॥ ७ ॥

8th Anuvaka (ring the bell)

नम॒स् सोमा॑य च रु॒द्राय॑ च॒ नम॑स् ता॒म्राय॑ चारु॒णाय॑ च॒ नम॑श् श॒ङ्गाय॑ च पशु॒पत॑ये च॒ नम॑ उ॒ग्राय॑ च भी॒माय॑ च॒ नमो॑ अग्रेव॒धाय॑ च दूरेव॒धाय॑ च॒ नमो॑ ह॒न्त्रे च॒ हनी॑यसे च॒ नमो॑ वृ॒क्षेभ्यो॒ हरि॑केशेभ्यो॒ नम॑स् ता॒राय॒ नम॑श् श॒म्भवे॑ च मयो॒भवे॑ च॒ नम॑श् शङ्क॒राय॑ च मयस्क॒राय॑ च॒ **नम॑ः शि॒वाय॑** च शि॒वत॑राय च॒ नम॒स्तीर्थ्या॑य च॒ कूल्या॑य च॒ नम॑ᳶ पा॒र्या॑य चावा॒र्या॑य च॒ नम॑ᳶ प्र॒तर॑णाय चो॒त्तर॑णाय च॒ नम॑ आता॒र्या॑य चाला॒द्या॑य च॒ नम॒श् शष्प्या॑य च॒ फेन्या॑य च॒ नम॑स् सिक॒त्या॑य च प्रवा॒ह्या॑य च ॥ ८ ॥

नम॑ इरि॒ण्या॑य च प्रप॒थ्या॑य च॒ नम॑ᳶ किꣳशि॒लाय॑ च॒ क्षय॑णाय च॒ नम॑ᳶ कप॒र्दिने॑ च पुल॒स्तये॑ च॒ नमो॒ गोष्ठ्या॑य च॒ गृह्या॑य च॒ नम॒स्तल्प्या॑य च॒ गेह्या॑य च॒ नम॑ᳶ का॒ट्या॑य च गह्व॒रेष्ठाय॑ च॒ नमो॑ हृद॒य्या॑य च निवे॒ष्प्या॑य च॒ नम॑ᳶ पाꣳस॒व्या॑य च रज॒स्या॑य च॒ नम॒श् शुष्क्या॑य च हरि॒त्या॑य च॒ नमो॒ लोप्या॑य चोल॒प्या॑य च॒ नम॑ ऊ॒र्व्या॑य च सू॒र्म्या॑य च॒ नम॑ᳶ प॒र्ण्या॑य च पर्णश॒द्या॑य च॒ नमो॑ऽपगु॒रमा॑णाय चाभिघ्न॒ते च॒ नम॑ आख्खिद॒ते च॑ प्रख्खिद॒ते च॒ नमो॑ वᳶ किरि॒केभ्यो॑ दे॒वाना॒ꣳ हृद॑येभ्यो॒ नमो॑ विक्षीण॒केभ्यो॒ नमो॑ विचिन्व॒त्केभ्यो॒ नम॑ आनिर्ह॒तेभ्यो॒ नम॑ आमीव॒त्केभ्य॑ः ॥ ९ ॥

द्रापे अन्धसस्पते दरिद्रन् नीललोहित । एषां पुरुषाणाम् एषां पशूनां मा भेर्माऽरो मो एषां किञ्चनाममत् । या ते रुद्र शिवा तनूश् शिवा विश्वाहभेषजी । शिवा रुद्रस्य भेषजी तया नो मृड जीवसे ॥ इमाꣳ रुद्राय तवसे कपर्दिने क्षयद्वीराय प्रभरामहे मतिम् । यथा नश् शमसद्-द्विपदे चतुष्पदे विश्वं पुष्टं ग्रामे अस्मिन्ननातुरम् ॥ मृडा नो रुद्रोत नो मयस्कृधि क्षयद्वीराय नमसा विधेम ते । यच्छं च योश्च मनुरायजे पिता तद् अश्याम तव रुद्र प्रणीतौ ॥ मा नो महान्तमुत मा नो अर्भकं मा न उक्षन्तमुत मा न उक्षितम् । मा नोऽवधीः पितरं मोत मातरं प्रिया मा नस्तनुवो रुद्र रीरिषः । मा नस्तोके तनये मा न आयुषि मा नो गोषु मा नो अश्वेषु रीरिषः । वीरान्मा नो रुद्र भामितोऽवधीर् हविष्मन्तो नमसा विधेम ते । आरात्ते गोघ्न उत पूरुषघ्ने क्षयद्वीराय सुम्नमस्मे ते अस्तु । रक्षा च नो अधि च देव ब्रूह्यधा च नश् शर्म यच्छ द्विबर्हाः । स्तुहि श्रुतं गर्तसदं युवानं मृगन्न भीमम् उपहत्नुमुग्रम् । मृडा जरित्रे रुद्र स्तवानो अन्यन्ते अस्मन्निवपन्तु सेनाः । परिणो रुद्रस्य हेतिर्वृणक्तु परि त्वेषस्य दुर्मतिर् अघायोः । अव स्थिरा मघवद्भ्यस्तनुष्व मीढ्वस्तोकाय तनयाय मृडय ॥ मीढुष्टम शिवतम शिवो नस् सुमना भव । परमे वृक्ष आयुधन्निधाय कृत्तिं वसान आचर पिनाकं बिभ्रदागहि ॥ विकिरिद विलोहित नमस्ते अस्तु भगवः । यास्ते सहस्रꣳ हेतयोन्यमस्मन्निवपन्तु ताः । सहस्राणि सहस्रधा बाहुवोस्तव हेतयः । तासामीशानो भगवः पराचीना मुखा कृधि ॥१०॥

सहस्राणि सहस्रशो ये रुद्रा अधि भूम्याम् । तेषाꣳ सहस्रयोजनेऽवधन्वानि तन्मसि । अस्मिन् महत्यर्णवेऽन्तरिक्षे भवा अधि । नीलग्रीवाश् शितिकण्ठाश् शर्वा अधः क्षमाचराः। नीलग्रीवाश् शितिकण्ठा दिवꣳ रुद्रा उपश्रिताः । ये वृक्षेषु सस्पिञ्जरा नीलग्रीवा विलोहिताः । ये भूतानाम् अधिपतयो विशिखासः कपर्दिनः। ये अन्नेषु विविध्यन्ति पात्रेषु पिबतो जनान् । ये पथां पथिरक्षय ऐलबृदा यव्युधः । ये तीर्थानि प्रचरन्ति सृकावन्तो निषङ्गिणः ॥ य एतावन्तश्च भूयाꣳसश्च दिशो रुद्रा वितस्थिरे । तेषाꣳ सहस्रयोजनेऽवधन्वानि तन्मसि ॥ नमो रुद्रेभ्यो ये पृथिव्यां येऽन्तरिक्षे ये दिवि येषामन्नं वातो वर्षमिषवस्तेभ्यो दश प्राचीर्दश दक्षिणा दश प्रतीचीर्दशोदीचीर्दशोर्ध्वास्तेभ्यो नमस्ते नो मृडयन्तु ते यं द्विष्मो यश्च नो द्वेष्टि तं वो जम्भे दधामि ॥ ११ ॥

Addendum

त्र्यम्बकयँ यजामहे सुगन्धिं पुष्टिवर्धनम् ।
उर्वारुकमिव बन्धनान् मृत्योर् मुक्षीय माऽमृतात् ॥

यो रुद्रो अग्नौ यो अप्सु य ओषधीषु यो रुद्रो विश्वा भुवना विवेश तस्मै रुद्राय नमो अस्तु ॥ तमुष्टुहि यस् स्विषुस् सुधन्वा यो विश्वस्य क्षयति भेषजस्य । यक्ष्वामहे सौमनसाय रुद्रं नमोभिर् देवम् असुरं दुवस्य ॥ अयं मे हस्तो भगवान् अयं मे भगवत्-तरः । अयं मे विश्वभेषजोऽयꣳ शिवाभिमर्शनः ॥ ये ते सहस्र मयुतं पाशा मृत्यो मर्त्याय हन्तवे । तान् यज्ञस्य मायया सर्वा नव यजामहे । मृत्यवे स्वाहा मृत्यवे स्वाहा ॥ ॐ नमो भगवते रुद्राय विष्णवे मृत्युर्मे पाहि । प्राणानां ग्रन्थिरसि रुद्रो मा विशान्तकः । तेनान्नेनाप्यायस्व । सदाशिवोम् ॥

Chamakam चमकप्रश्नः

ॐ अग्नाविष्णू सजोषसेमावर्धन्तु वां गिरः । द्युम्नैर्वाजेभिरागतम् । वाजश्च मे प्रसवश्च मे प्रयतिश्च मे प्रसितिश्च मे धीतिश्च मे क्रतुश्च मे स्वरश्च मे श्लोकश्च मे श्रावश्च मे श्रुतिश्च मे ज्योतिश्च मे सुवश्च मे प्राणश्च मेऽपानश्च मे व्यानश्च मेऽसुश्च मे चित्तं च म आधीतं च मे वाक् च मे मनश्च मे चक्षुश्च मे श्रोत्रं च मे दक्षश्च मे बलं च म ओजश्च मे सहश्च म आयुश्च मे जरा च म आत्मा च मे तनूश्च मे शर्म च मे वर्म च मेऽङ्गानि च मेऽस्थानि च मे परूꣳषि च मे शरीराणि च मे ॥ १ ॥

ज्यैष्ठ्यं च म आधिपत्यं च मे मन्युश्च मे भामश्च मेऽमश्च मेऽम्भश्च मे जेमा च मे महिमा च मे वरिमा च मे प्रथिमा च मे वर्ष्मा च मे द्राघुया च मे वृद्धं च मे वृद्धिश्च मे सत्यं च मे श्रद्धा च मे जगच्च मे धनं च मे वशश्च मे त्विषिश्च मे क्रीडा च मे मोदश्च मे जातं च मे जनिष्यमाणं च मे सूक्तं च मे सुकृतं च मे वित्तं च मे वेद्यं च मे भूतं च मे भविष्यच्च मे सुगं च मे सुपथं च म ऋद्धं च म ऋद्धिश्च मे क्लृप्तं च मे क्लृप्तिश्च मे मतिश्च मे सुमतिश्च मे ॥ २ ॥

ॐ शं च मे मयश्च मे प्रियं च मेऽनुकामश्च मे कामश्च मे सौमनसश्च मे भद्रं च मे श्रेयश्च मे वस्यश्च मे यशश्च मे भगश्च मे द्रविणं च मे यन्ता च मे धर्ता च मे क्षेमश्च मे धृतिश्च मे विश्वं च मे महश्च मे संविच्च मे ज्ञात्रं च मे सूश्च मे प्रसूश्च मे सीरं च मे लयश्च म ऋतं च मेऽमृतं च मेऽयक्ष्मं च मेऽनामयच्च मे जीवातुश्च मे दीर्घायुत्वं च मेऽनमित्रं च मेऽभयं च मे सुगं च मे शयनं च मे सूषा च मे सुदिनं च मे ॥ ३ ॥

ऊर्क् मे सूनृता च मे पयश्च मे रसश्च मे घृतं च मे मधु च मे सग्धिश्च मे सपीतिश्च मे कृषिश्च मे वृष्टिश्च मे जैत्रं च म औद्भिद्यं च मे रयिश्च मे रायश्च मे पुष्टं च मे पुष्टिश्च मे विभु च मे प्रभु च मे बहु च मे भूयश्च मे पूर्णं च मे पूर्णतरं च मेऽक्षितिश्च मे कूयवाश्च मेऽन्नं च मेऽक्षुच्च मे व्रीहयश्च मे यवाश्च मे माषाश्च मे तिलाश्च मे मुद्गाश्च मे खल्वाश्च मे गोधूमाश्च मे मसुराश्च मे प्रियङ्गवश्च मेऽणवश्च मे श्यामाकाश्च मे नीवाराश्च मे ॥ ४ ॥

अश्मा च मे मृत्तिका च मे गिरयश्च मे पर्वताश्च मे सिकताश्च मे वनस्पतयश्च मे हिरण्यं च मेऽयश्च मे सीसं च मे त्रपुश्च मे श्यामं च मे लोहं च मेऽग्निश्च म आपश्च मे वीरुधश्च म

ओषधयश्च मे कृष्टपच्यं च मेऽकृष्टपच्यं च मे ग्राम्याश्च मे पशव आरण्याश्च यज्ञेन कल्पन्तां वित्तं च मे वित्तिश्च मे भूतं च मे भूतिश्च मे वसु च मे वसतिश्च मे कर्म च मे शक्तिश्च मेऽर्थश्च म एमश्च म इतिश्च मे गतिश्च मे ॥ ५ ॥

अग्निश्च म इन्द्रश्च मे सोमश्च म इन्द्रश्च मे सविता च म इन्द्रश्च मे सरस्वती च म इन्द्रश्च मे पूषा च म इन्द्रश्च मे बृहस्पतिश्च म इन्द्रश्च मे मित्रश्च म इन्द्रश्च मे वरुणश्च म इन्द्रश्च मे त्वष्टा च म इन्द्रश्च मे धाता च म इन्द्रश्च मे विष्णुश्च म इन्द्रश्च मेऽश्विनौ च म इन्द्रश्च मे मरुतश्च म इन्द्रश्च मे विश्वे च मे देवा इन्द्रश्च मे पृथिवी च म इन्द्रश्च मेऽन्तरिक्षं च म इन्द्रश्च मे द्यौश्च म इन्द्रश्च मे दिशश्च म इन्द्रश्च मे मूर्धा च म इन्द्रश्च मे प्रजापतिश्च म इन्द्रश्च मे ॥ ६ ॥

अꣳशुश्च मे रश्मिश्च मेऽदाभ्यश्च मेऽधिपतिश्च म उपाꣳशुश्च मेऽन्तर्यामश्च म ऐन्द्रवायवश्च मे मैत्रावरुणश्च म आश्विनश्च मे प्रतिप्रस्थानश्च मे शुक्रश्च मे मन्थी च म आग्रयणश्च मे वैश्वदेवश्च मे ध्रुवश्च मे वैश्वानरश्च म ऋतुग्रहाश्च मेऽतिग्राह्याश्च म ऐन्द्राग्नश्च मे वैश्वदेवश्च मे मरुत्वतीयाश्च मे माहेन्द्रश्च म आदित्यश्च मे सावित्रश्च मे सारस्वतश्च मे पौष्णश्च मे पात्नीवतश्च मे हारियोजनश्च मे ॥ ७ ॥

इध्मश्च मे बर्हिश्च मे वेदिश्च मे धिष्णियाश्च मे स्रुचश्च मे चमसाश्च मे ग्रावाणश्च मे स्वरवश्च म उपरवाश्च मेऽधिषवणे च मे द्रोणकलशश्च मे वायव्यानि च मे पूतभृच्च म आधवनीयश्च म आग्नीध्रं च मे हविर्धानं च मे गृहाश्च मे सदश्च मे पुरोडाशाश्च मे पचताश्च मेऽवभृथश्च मे स्वगाकारश्च मे ॥ ८ ॥

अग्निश्च मे घर्मश्च मेऽर्कश्च मे सूर्यश्च मे प्राणश्च मेऽश्वमेधश्च मे पृथिवी च मेऽदितिश्च मे दितिश्च मे द्यौश्च मे शक्वरीर् अङ्गुलयो दिशश्च मे यज्ञेन कल्पन्ताम् ऋक् च मे साम च मे स्तोमश्च मे यजुश्च मे दीक्षा च मे तपश्च म ऋतुश्च मे व्रतं च मेऽहोरात्रयोर्वृष्ट्या बृहद्रथन्तरे च मे यज्ञेन कल्पेताम् ॥ ९ ॥

गर्भाश्च मे वत्साश्च मे त्र्यविश्च मे त्र्यवी च मे दित्यवाट् च मे दित्यौही च मे पञ्चाविश्च मे पञ्चावी च मे त्रिवत्सश्च मे त्रिवत्सा च मे तुर्यवाट् च मे तुर्यौही च मे पष्ठवाट् च मे पष्ठौही च म उक्षा च मे वशा च म ऋषभश्च मे वेहच्च मेऽनड्वाञ्च मे धेनुश्च म आयुर् यज्ञेन कल्पतां प्राणो यज्ञेन कल्पताम् अपानो यज्ञेन कल्पतां व्यानो यज्ञेन कल्पतां चक्षुर् यज्ञेन कल्पताꣳ

श्रोत्रं॑ य॒ज्ञेन॑ कल्पतां॒ मनो॑ य॒ज्ञेन॑ कल्पतां॒ वाग् य॒ज्ञेन॑ कल्पताम् आ॒त्मा य॒ज्ञेन॑ कल्पतां॑ य॒ज्ञो य॒ज्ञेन॑ कल्पताम् ॥ १० ॥

एका॑ च मे ति॒स्रश्च॑ मे॒ पञ्च॑ च मे स॒प्त च॑ मे॒ नव॑ च म॒ एका॑दश च मे॒ त्रयो॑दश च मे॒ पञ्च॑दश च मे स॒प्तद॑श च मे॒ नव॑दश च म॒ एक॑विꣳशतिश्च मे॒ त्रयो॑विꣳशतिश्च मे॒ पञ्च॑विꣳशतिश्च मे स॒प्तवि॑ꣳशतिश्च मे॒ नव॑विꣳशतिश्च म॒ एक॑त्रिꣳशच्च मे॒ त्रय॑स्त्रिꣳशच्च मे॒

चत॑स्रश्च मे॒ऽष्टौ च॑ मे॒ द्वाद॑श च मे॒ षोड॑श च मे विꣳशतिश्च॑ मे॒ चतु॑र्विꣳशतिश्च मे॒ऽष्टावि॑ꣳशतिश्च मे॒ द्वात्रि॑ꣳशच्च मे॒ षट्त्रि॑ꣳशच्च मे चत्वारि॒ꣳ॒शच्च॑ मे चतु॑श्चत्वारिꣳशच्च मे॒ऽष्टाच॑त्वारिꣳशच्च मे॒

वाज॑श्च प्रस॒वश्चा॑पि॒जश्च॒ क्रतु॑श्च॒ सुव॑श्च मू॒र्धा च॒ व्यश्नि॑यश्चाऽन्त्याय॒नश्चान्त्य॑श्च भौव॒नश्च भुव॑न॒श्चाधि॑पतिश्च ॥ ११ ॥

Shantipatha ending ॐ इडा॑ दे॒व॒हूर् मनु॑र्यज्ञ॒नीर् बृह॒स्पति॑रुक्थाम॒दानि॑ शꣳसिष॒द् विश्वे॑ दे॒वास् सू᳚क्तवा॒चः पृथि॑विमात॒र्मा मा॑ हिꣳसीर् मधु॑ मनिष्ये॒ मधु॑ जनिष्ये॒ मधु॑ वक्ष्यामि॒ मधु॑ वदिष्यामि॒ मधु॑मतीं दे॒वेभ्यो॒ वाच॑मुद्यासꣳ शु॒श्रूषेण्यां मनु॒ष्ये᳚भ्य॒स्तं मा॑ दे॒वा अ॑वन्तु शो॒भायै॑ पि॒तरोऽनु॑मदन्तु ॥ ॐ शान्ति॒ः शान्ति॒ः शान्ति॑ः ॥

Nyase Viniyogah (at close)

ॐ अग्निहोत्रात्मने हृदयाय नमः । ॐ दर्शपूर्णमासात्मने शिरसे स्वाहा । ॐ चातुर्मास्यात्मने शिखायै वषट् । ॐ निरूढ-पशुबन्धात्मने कवचाय हुम् । ॐ ज्योतिष्ठोमात्मने नेत्रत्रयाय वौषट् । ॐ सर्वक्रत्वात्मने अस्त्राय फट् ॥ भूर्भुव॒स्सुव॑रोम् इति दिग्विमोकः ॥ शुद्धस्फटिक-सङ्काशं शुद्धविद्या प्रदायकम् । शुद्धं पूर्णं चिदानन्दं सदाशिवमहं भजे ॥

Durga Suktam दुर्गा सूक्तम्

ॐ जातवेदसे सुनवाम सोमं मरातीयतो निदहाति वेदः । स नः पर्षदति दुर्गाणि विश्वा नावेव सिन्धुं दुरिताऽत्यग्निः ॥ ताम् अग्निवर्णां तपसा ज्वलन्तीं वैरोचनीं कर्मफलेषु जुष्टाम् । दुर्गां देवीꣳ शरणमहं प्रपद्ये सुतरसि तरसे नमः ॥ अग्ने त्वं पारया नव्यो अस्मान् थ्स्वस्तिभिरति दुर्गाणि विश्वा । पूश्च पृथ्वी बहुला न उर्वी भवा तोकाय तनयाय शंयोः ॥ विश्वानि नो दुर्गहा जातवेदस् सिन्धुन्न नावा दुरिताऽतिपर्षि । अग्ने अत्रिवन् मनसा गृणानोऽस्माकं बोध्यविता तनूनाम् ॥ पृतना जितꣳ सहमानम् उग्रम् अग्निꣳ हुवेम परमाथ् सधस्थात् । स नः पर्षदति दुर्गाणि विश्वा क्षामद्-देवो अति दुरिताऽत्यग्निः ॥ प्रत्नोषि कमीड्यो अध्वरेषु सनाच् च होता नव्यश्च सत्सि । स्वाञ्चाऽग्ने तनुवं पिप्रयस्वास्मभ्यञ्च सौभगमायजस्व ॥ गोभिर्जुष्टम् अयुजो निषिक्तं तवेन्द्र विष्णोर् अनुसञ्चरेम । नाकस्य पृष्ठमभि संवसानो वैष्णवीं लोक इह मादयन्ताम् ॥ ॐ कात्यायनाय विद्महे कन्यकुमारि धीमहि । तन्नो दुर्गिः प्रचोदयात् ॥

Shanti Mantra

ॐ तच्छं योरावृणीमहे । गातुं यज्ञाय । गातुं यज्ञपतये । दैवी स्वस्तिरस्तु नः । स्वस्तिर्मानुषेभ्यः । ऊर्ध्वं जिगातु भेषजम् । शं नो अस्तु द्विपदे । शं चतुष्पदे । ॐ शान्तिः शान्तिः शान्तिः ॥

Purusha Suktam पुरुषसूक्तम्

ॐ सहस्रशीर्षा पुरुषः । सहस्राक्षस् सहस्रपात् । स भूमिं विश्वतो वृत्वा । अत्यतिष्ठद् दशाङ्गुलम् । पुरुष एवेदꣳ सर्वम् । यद्भूतं यच्च भव्यम् । उतामृतत्वस्येशानः । यद् अन्नेनातिरोहति । एतावानस्य महिमा । अतो ज्यायाꣳश्च पूरुषः ॥१॥ पादोऽस्य विश्वा भूतानि । त्रिपादस्यामृतं दिवि । त्रिपादूर्ध्व उदैत्पुरुषः । पादोऽस्येहाऽऽभवात्पुनः । ततो विष्वङ्व्यक्रामत् । साशनानशने अभि । तस्माद् विराडजायत । विराजो अधि पूरुषः । स जातो अत्यरिच्यत । पश्चाद् भूमिम् अथो पुरः ॥२॥ यत् पुरुषेण हविषा । देवा यज्ञम् अतन्वत । वसन्तो अस्यासीदाज्यम् । ग्रीष्म इध्मश्शरद्धविः । सप्तास्यासन्परिधयः ।

त्रिस् सप्त समिधः कृताः । देवा यद् यज्ञं तन्वानाः । अबध्नन्पुरुषं पशुम् । तयँ यज्ञं बर्हिषि प्रौक्षन् । पुरुषं जातमग्रतः ॥३॥ तेन देवा अयजन्त । साध्या ऋषयश्च ये । तस्माद् यज्ञात् सर्वहुतः । सम्भृतं पृषदाज्यम् । पशूँस्ताँश्चक्रे वायव्यान् । आरण्यान् ग्राम्याश्च ये । तस्माद् यज्ञात् सर्वहुतः । ऋचस् सामानि जज्ञिरे । छन्दांसि जज्ञिरे तस्मात् । यजुस् तस्माद् अजायत ॥४॥ तस्माद् अश्वा अजायन्त । ये के चोभयादतः । गावो ह जज्ञिरे तस्मात् । तस्माज् जाता अजावयः । यत् पुरुषँ व्यदधुः । कतिधा व्यकल्पयन् । मुखं किमस्य कौ बाहू । कावूरू पादावुच्येते । ब्राह्मणोऽस्य मुखमासीत् । बाहू राजन्यः कृतः ॥५॥ ऊरू तदस्य यद् वैश्यः । पद्भ्याः शूद्रो अजायत । चन्द्रमा मनसो जातः । चक्षोस् सूर्यो अजायत । मुखादिन्द्रश्च अग्निश्च । प्राणाद् वायुर् अजायत । नाभ्या आसीद् अन्तरिक्षम् । शीर्ष्णो द्यौस् समवर्तत । पद्भ्यां भूमिर् दिशश् श्रोत्रात् । तथा लोकाः अकल्पयन् ॥६॥ वेदाहमेतं पुरुषं महान्तम् । आदित्यवर्णं तमसस्तुपारे । सर्वाणि रूपाणि विचित्य धीरः । नामानि कृत्वाऽभिवदन् यदास्ते । धाता पुरस्ताद् यमुदाजहार । शक्रः प्रविद्वान् प्रदिशश्च तस्रः । तमेवँ विद्वान् अमृत इह भवति । नान्यः पन्था अयनाय विद्यते । यज्ञेन यज्ञम् अयजन्त देवाः । तानि धर्माणि प्रथमान्यासन् । ते ह नाकं महिमानस् सचन्ते। यत्र पूर्वे साध्यास् सन्ति देवाः ॥७॥

Uttara Narayanam

अद्भ्यस् सम्भूतः पृथिव्यै रसाच्च । विश्वकर्मणस् समवर्तताधि । तस्य त्वष्टा विदधद्रूपमेति । तत् पुरुषस्य विश्वम् आजानम् अग्रे । वेदाहमेतं पुरुषं महान्तम् । आदित्यवर्णं तमसः परस्तात् । तमेवँ विद्वान् अमृत इह भवति । नान्यः पन्था विद्यतेऽयनाय । प्रजापतिश्चरति गर्भे अन्तः । अजायमानो बहुधा विजायते ॥८॥ तस्य धीराः परिजानन्ति योनिम् । मरीचीनां पदम् इच्छन्ति वेधसः । यो देवेभ्य आतपति । यो देवानां पुरोहितः । पूर्वो यो देवेभ्यो जातः । नमो रुचाय ब्राह्मये । रुचं ब्राह्मं जनयन्तः । देवा अग्रे तद् अब्रुवन् । यस्त्वैवं ब्राह्मणो विद्यात् । तस्य देवा असन् वशे ॥९॥ ह्रीश्च ते लक्ष्मीश्च पत्न्यौ । अहोरात्रे पार्श्वे । नक्षत्राणि रूपम् । अश्विनौ व्यात्तम् । इष्टं मनिषाण । अमुं मनिषाण । सर्वं मनिषाण ॥१०॥ ॐ शान्तिः शान्तिः शान्तिः ॥

ॐ हिरण्यवर्णां हरिणीं सुवर्ण-रजत-स्रजाम् । चन्द्रां हिरण्मयीं लक्ष्मीं जातवेदो म आवह ॥१॥ तां म आ वह जातवेदो लक्ष्मीमनपगामिनीम् । यस्यां हिरण्यं विन्देयं गामश्वं पुरुषानहम् ॥२॥ अश्वपूर्वां रथमध्यां हस्तिनाद प्रमोदिनीम् । श्रियं देवीमुपह्वये श्रीर्मा देवीर् जुषताम् ॥३॥ कां सोस्मितां हिरण्य प्राकारा माद्रां ज्वलन्तीं तृप्तां तर्पयन्तीम् । पद्मे स्थितां पद्मवर्णां तामिहोप-ह्वये श्रियम् ॥४॥ चन्द्रां प्रभासायँ यशसा ज्वलन्तीं श्रियँ ल्लोके देवजुष्टामुदाराम् । तां पद्मिनीमीं शरणमहं प्रपद्येऽलक्ष्मीर् मे नश्यतां त्वाँ वृणे ॥५॥ आदित्यवर्णे तपसोऽधिजातो वनस्पतिस्तव वृक्षोऽथ बिल्वः । तस्य फलानि तपसा नुदन्तु मा याऽन्तरा याश्च बाह्या अलक्ष्मीः ॥६॥ उपैतु मां देवसख꣫ कीर्तिश्च मणिना सह । प्रादुर्भूतोऽस्मि राष्ट्रेऽस्मिन् कीर्ति मृद्धिं ददातु मे ॥७॥ क्षुत्पिपासामलां ज्येष्ठाम् अलक्ष्मीं नाशयाम्यहम् । अभूतिम् असमृद्धिञ्च सर्वां निर्णुद मे गृहात् ॥८॥ गन्धद्वारां दुराधर्षां नित्यपुष्टां करीषिणीम् । ईश्वरीं सर्वभूतानां तामिहोपह्वये श्रियम् ॥९॥ मनस꣫ काममाकूतिं वाचस् सत्यमशीमहि । पशूनां रूपमन्नस्य मयि श्रीश् श्रयतायँ यशः ॥१०॥ कर्दमेन प्रजा भूता मयि सम्भव कर्दम । श्रियँ वासय मे कुले मातरं पद्म-मालिनीम् ॥११॥ आपस् सृजन्तु स्निग्धानि चिक्लीत वस मे गृहे । नि च देवीं मातरं श्रियँ वासय मे कुले ॥१२॥ आर्द्रां पुष्करिणीं पुष्टिं सुवर्णां हेम-मालिनीम् । सूर्यां हिरण्मयीलँ लक्ष्मीं जातवेदो म आवह ॥१३॥ आर्द्रायँ य꣫ करिणीयँ यष्टिं पिङ्गलां पद्म-मालिनीम् । चन्द्रां हिरण्यमयीँल् लक्ष्मीं जातवेदो म आवह ॥१४॥ तां म आवह जातवेदो लक्ष्मी-मनपगामिनीम् । यस्यां हिरण्यं प्रभूतं गावो दास्योऽश्वान् विन्देयं पुरुषानहम् ॥१५॥ यश् शुचि꣫ प्रयतो भूत्वा जुहुयादाज्यमन्वहम् । सूक्तं पञ्चदशर्चञ्च श्रीकामस् सततं जपेत् ॥१६॥ पद्मानने पद्म ऊरु पद्माक्षी पद्मसम्भवे । तन्मे भजसि पद्माक्षी येन सौख्यँ ल्लभाम्यहम् ॥१७॥ अश्वदायी गोदायी धनदायी महाधने । धनं मे जुषतां देवीं सर्वकामांश्च देहि मे ॥१८॥ पद्मानने पद्म विपद्म पत्रे पद्मप्रिये पद्म दलायताक्षि । विश्वप्रिये विष्णुमनोऽनुकूले त्वत्पाद पद्मं मयि सन्नि धत्स्व ॥१९॥ पुत्रपौत्र धनं धान्यं हस्त्यश्वादिगवे रथम् । प्रजानां भवसि माता आयुष्मन्तं करोतु माम् ॥२०॥ धनमग्निर्धनँ वायुर्धनं सूर्यो धनँ वसुः । धनमिन्द्रो बृहस्पतिर् वरुणं धनमस्तुते ॥२१॥ वैनतेय सोमं पिब सोमं पिबतु वृत्रहा । सोमं धनस्य सोमिनो मह्यं ददातु सोमिनः ॥२२॥ न क्रोधो न च मात्सर्यन् न लोभो नाशुभा मतिः । भवन्ति

कृतपुण्यानां भक्तानां श्रीसूक्तञ्जपेत् ॥२३॥ सरसिजनिलये सरोजहस्ते धवलतरां शुकगन्धमाल्यशोभे । भगवति हरिवल्लभे मनोज्ञे त्रिभुवनभूतिकरि प्रसीद मह्यम् ॥२४॥ विष्णुपत्नीं क्षमां देवीं माधवीं माधवप्रियाम् । लक्ष्मीं प्रियसखीं देवीं नमाम्यच्युतवल्लभाम् ॥२५॥ महालक्ष्म्यै च विद्महे विष्णु-पत्न्यै च धीमहि । तन्नो लक्ष्मीः प्रचोदयात् ॥२६॥ आनन्दः कर्दमश् श्रीद् श्चिक्लीत इति विश्रुताः । ऋषयश् श्रियः पुत्राश्च श्रीर्देवीर् देवता मताः ॥२७॥ ऋणरोगादिदारिद्र्य पापक्षुदपमृत्यवः । भयशोक-मनस् तापा नश्यन्तु मम सर्वदा ॥२८॥ श्रीर् वर्चस्वम् आयुष्यम् आरोग्यम् आविधाच्छोभमानं महीयते । धान्यं धनं पशुं बहुपुत्रलाभं शतसँवत्सरं दीर्घम् आयुः ॥२९॥ सर्वमङ्गलमाङ्गल्ये शिवे सर्वार्थ साधिके । शरण्ये त्र्यम्बके गौरी नारायणि नमोऽस्तु ते । ॐ महालक्ष्मी च विद्महे विष्णुपत्नी च धीमहि । तन्नो लक्ष्मीः प्रचोदयात् ॥

Samana Suktam संवादसूक्तम्

ॐ संसमिद्युवसे वृषन्नग्ने विश्वान्यर्य आ । इळस्पदे समिध्यसे स नो वसून्या भर ॥ १ ॥ सङ्गच्छध्वं सं वदध्वं सं वो मनांसि जानताम् । देवा भागँ यथा पूर्वे सञ्जानाना उपासते ॥२॥ समानो मन्त्रस् समितिस् समानि समानं मनस् सह चित्तम् एषाम् । समानं मन्त्रम् अभि मन्त्रये वस् समानेन वो हविषा जुहोमि ॥ ३ ॥ समानी व आकूतिस् समाना हृदयानि वः । समानम् अस्तु वो मनो यथा वस् सुसहासति ॥ ४ ॥

Shanti Patha

ॐ नमो ब्रह्मणे नमो अस्त्वग्नये नमः पृथिव्यै नम ओषधीभ्यः । नमो वाचे नमो वाचस्पतये नमो विष्णवे बृहते करोमि ॥ ॐ शान्तिः शान्तिः शान्तिः ॥

Pardon Shlokas

ॐ आभिर् गीर्भिर् यदतोन ऊनमाप्यायय हरिवो वर्धमानः । यदा स्तोतृभ्यो महि गोत्रा रुजासि भूयिष्ठभाजो अध ते स्याम । ब्रह्म प्रावादिष्म तन्नो मा हासीत् ॥ ॐ शान्तिः शान्तिः शान्तिः ॥ ॥ हरिः ॐ ॥ chanting ends here.

Epilogue

Puja is a means of honouring the Divine by coming together and celebrating using lamps, fruits, flowers and chants.

Rudra Puja is a simple technique to communicate each and every need, desire, demand and thought to the Divine. It is complete and profound because it nourishes the physical, mental and spiritual aspects of oneself, one's family and friends, and one's surroundings in a meditative and joyful manner.

Rudram chants can be recited or listened to daily.

सर्वे भवन्तु सुखिनः । सर्वे सन्तु निरामयाः ।

सर्वे भद्राणि पश्यन्तु । मा कश्चिद् दुःख भाग् भवेत् ॥

ॐ शान्तिः शान्तिः शान्तिः

When faith has blossomed in life, Every step is led by the Divine.

Sri Sri Ravi Shankar

Om Namah Shivaya

जय गुरुदेव

www.ingramcontent.com/pod-product-compliance
Lightning Source LLC
LaVergne TN
LVHW020435070526
838199LV00032B/633/J
* 9 7 8 9 3 9 5 7 6 6 4 5 6 *